Chinese For Young Beginners
Book 2

By

Bill Li and Candace Tong-Li

Illustrated by Candace Tong-Li

Imagine. Create. Contribute.

www.PrincessImprints.com

Text Copyright © 2014 by Bill Li
Illustrations Copyright © 2014 by Candace Tong-Li
Cover Art Copyright © 2014 by Candace Tong-Li

All rights reserved. No part of this book may be reproduced in any form or by any means, electronic or mechanical, including photocopying, recording, scanning, or by any information storage or retrieval system. For information about permission, please write to permissions@princessimprints.com.

Editor's Words

The Chinese for Young Beginners' Courses and English-Chinese Bilingual Textbooks are designed to serve the special needs of children learning Chinese as a foreign language. With the *New Words and Expressions* table before each lesson as a reference tool, students can review and preview each lesson and work on homework assignments without parents' help at home. The substantial game oriented exercises following each lesson not only enable teachers to engage students in fun activities, but also provide them a consistent underlying structure for comprehensive reviews.

Nurturing curiosity and encouraging creativity in learning is the core of our teaching philosophy. Young artist and writer Candace Tong-Li's simple and enchanting illustrations vividly bring the contexts to life, adding a unique flavor that is relevant to young readers' imagination and creativity. We've intentionally kept ample white space throughout the book for students to take notes, write Chinese characters, and draw pictures. We want to make learning Chinese a fun experience.

-- Ying Tong

1. Chinese Textbook for Children 2. Learning Chinese as a Second Language 3. Learning Chinese as a Foreign Language 4. Foreign Language Study/Chinese 5. Mandarin 6. Chinese 7. Beginners Chinese 8. Learn Chinese 9. Chinese Textbook 10. Chinese for Non-native Speakers 11. Teaching Chinese 12. Chinese Language Program

ISBN: 978-0-9854789-3-3

Bill Li
Chinese for Young Beginners 2/Bill Li; Illustrated by Candace Tong-Li
Princess Imprints, Massachusetts, 07/20/2014

www.PrincessImprints.com
Imagine. Create. Contribute.

Printed and Manufactured in the United States of America

Chinese For Young Beginners 2

mù lù
目 录 （Contents）..3

dì yī kè   māma zài nǎ'er?
第一课　妈妈在哪儿？ (Where Is Mom?)................5

dì èr kè   cǎi bǐ
第二课　彩笔 (Colored Pencils)...............................33

dì sān kè   nǐ zuì xǐ·huan chī shén me?
第三课　你最喜欢吃什么？(What's Your Favorite Food?)..57

dì sì kè   jiǎ rú
第四课　假如 (If)...83

dì wǔ kè   nǐ jīng cháng yùn dòng ma?
第五课　你经常运动吗？ (Do You Play Sports Often?)..111

	dì liù kè	nǐ xǐ·huan xué xiào ma	
第六课	你喜欢学校吗？ (Do You Like School?)		139

	dì qī kè	de shēng rì lǐ wù	
第七课	Clara 的生日礼物 (Clara's Birthday Gift)		168

	dì bā kè	wǒ de hǎo péng yǒu	
第八课	我的好朋友Sam (My Good Friend Sam)		193

dì jiǔ kè   liù gǒu

第九课   遛狗 (Dog Walking) 222

dì shí kè   māo mī

第十课   猫咪 (Mimi The Cat)......251

shēng cí biǎo

生词表 (Glossary)...................................... 284

第一课生词表 (Lesson One New Words and Expressions)

shēngcí 生 词 (New Words)	pīnyīn 拼 音 (Phonetic Alphabets)	Yīngyǔ 英 语 (English)
哪儿	nǎ'er	where
离	lí	from
小镇	xiǎo zhèn	little town
玩具店	wánjù diàn	toy store
芭蕾课	bālěi kè	ballet class
当然	dāngrán	of course
却	què	but, yet, however
其实	qíshí	actually
内心	nèixīn	in one's heart
幼儿部	yòu'érbù	Toddler's Section
撒腿就跑	sātuǐ jiùpǎo	take off at once
真多	zhēnduō	there are so many…
娃娃	wá·wa	doll
毛绒动物	máoróng dòngwù	stuffed animals
汽车	qìchē	car, automobile
火车	huǒchē	train
积木	jīmù	building block
拼图玩具	pīntú wánjù	puzzle
挑	tiāo	pick, choose
大象	dàxiàng	elephant
找	zhǎo	look for
穿	chuān	wear

衣服	yī·fu	clothes
体育部	tǐyùbù	Sports Section
见	jiàn	see
到处	dàochù	everywhere
哭了起来	kūle qǐ·lái	start to cry
牵	qiān	hold someone's hand
四处	sìchù	everywhere
刚一拐	gāngyīguǎi	just turn a corner
紧紧地	jǐnjǐnde	tightly
抱住	bàozhù	hug
眼里	yǎnlǐ	in the eyes
不过	búguò	but
宽慰的眼泪	kuānwèide yǎnlèi	tears of relief
低下头	dīxiàtóu	lower one's head
一声也不吱	yīshēng yě bù zhī	keep quiet
上了一课	shàngle yīkè	taught a lesson
时时	shíshí	constantly
应该	yīnggāi	should
专心听讲	zhuānxīn tīngjiǎng	pay attention to what is being said

第一课
妈妈在哪儿?

在离我家十五分钟的小镇上，有一家玩具店。星期六上完芭蕾课，爸爸妈妈问妹妹和我想去哪儿玩，妹妹当然想去玩具店，可我却说："我这么大了还去玩具店？"其实，我内心还是想去的。

到了玩具店，妈妈说："我让你们自己先去玩会儿，我带你弟弟去幼儿部看看。"

"好，妈妈，"我和妹妹刚说完，撒腿就跑了。

玩具店的玩具可真多！有娃娃、毛绒动物、汽车、火车，还有积木。妹妹挑了一只大象，我赶紧去给大象找来了要穿的衣服。

等我们来到积木拼图玩具部时，妈妈不在那儿；等我们到了体育部时，妈妈也不在那儿。妈妈到底去哪儿了呢？见妈妈到处都找不着，妹妹哭了起来。

于是我牵着妹妹的手，四处去寻找妈妈。

可是刚一拐弯儿，我们就见到妈妈和弟弟竟然在那儿！我们跑过去，紧紧地抱住了妈妈，我的眼里含着宽慰的眼泪。

"我不是告诉你我和你弟弟在幼儿部吗?"妈妈说。

我低下头,一声也不吱。

今天来玩具店,给我们上了一课: 我们时时都应该专心听讲。

怎么说？ How do you say it in Chinese?

"There are a lot of people in the bookstore."

"书店里<u>有</u>很多人。"

"There are fifteen students in our class."

"我们班上<u>有</u>十五个学生。"

"There are seven people in my family."

"我家<u>有</u>七口人。"

"There are five stuffed animals in my younger brother's room."

"我弟弟的房间里<u>有</u>五个毛绒动物玩具。"

"He has a lot of questions to ask, but at the moment he is speechless."

"他有很多问题要问，一时<u>却</u>说不出话来。"

"I really want to go to China, but I don't have time."

"我很想去中国，<u>却</u>没有时间去。"

"He entered the room, but no one paid any attention to him."

"他进屋，<u>却</u>没有一个人理他。"

练习一 (Exercise 1)

回答问题 Answer the following questions in Chinese.

1) 玩具店在哪儿?
2) 玩具店离我家多远?
3) 星期六什么时候,爸爸妈妈问我和我妹妹想去哪儿玩?
4) 我对爸爸妈妈是怎么说的?
5) 玩具店的玩具多不多? 都有些什么玩具?

6) 妹妹挑好大象后，我帮妹妹找来了什么？

7) 我们去哪儿找妈妈了？我们找到妈妈了吗？

8) 找不到妈妈，妹妹怎么啦？我哭了吗？

9) 妈妈对我们说了些什么？

10) 为什么说这次去玩具店给我们上了一课？

练习二 (Exercise 2)
从括弧中选词填空

Fill in the blanks using the words or phrases in parentheses.

(有　牵着　四处　跑过去　上完　赶紧　也　到处　到底　挑了　离　等　内心　专心听讲　紧紧地　眼里　宽慰的　问　含着　上了一课)

1) 在_____我家十五分钟的小镇上_____一家玩具店。

2) 星期六＿＿＿＿芭蕾课，爸爸妈妈＿＿＿＿我和我妹妹想去哪儿玩。

3) 其实，我＿＿＿＿还是想去玩具店的。

4) 我＿＿＿＿妹妹的手，＿＿＿＿找妈妈。

5) 妈妈＿＿＿＿去哪儿了呢？见妈妈＿＿＿＿都找不着，妹妹哭了起来。

6) 妹妹＿＿＿＿一只大象，我

_____去给大象找来了要穿的衣服。

7) _____我们到了体育部时，妈妈_____不在那儿。

8) 我们_____，_____抱住了妈妈。

9) 我的眼里_____ _____眼泪。

10) 今天来玩具店，给我们_____：我们时时都应该_____。

练习三 (Exercise 3)
根据拼音写词语

Write these words in Chinese according to pinyin.

nǎ'er   kūle qǐ·lai   dàochù

_____   _____   _____

sìchù   dāngrán   sātuǐ jiùpǎo

_____   _____   _____

练习四 (Exercise 4)
词语拼音配对

Match these Chinese words and phrases with pinyin.

专心听讲	qiānzhe mèi·mei de shǒu
我低下头	máoróng dòngwù
说不出话来	qìchē huǒchē
宽慰的眼泪	wánjùdiàn
紧紧地抱住	bālěikè
牵着妹妹的手	mèi·mei kū·le qǐlái
妹妹哭了起来	kuānwèi de yǎnlèi
毛绒动物	jǐnjǐn de bàozhù
汽车、火车	wǒ dīxià tóu
玩具店	shuōbùchū huàlái
芭蕾课	zhuānxīn tīngjiǎng

练习五 (Exercise 5)

词语搭配 Match the words and phrases on the left with those on the right.

我内心	撒腿就跑了
上完	还是想去的
我牵着妹妹的手	去玩具店
妹妹	哭了起来
妹妹挑了	芭蕾课
我赶紧去给	去幼儿部看看
玩具店的玩具	大象找来了要穿的衣服
妹妹当然想	一家玩具店
我带你弟弟	可真多
我和妹妹刚说完	一只大象
小镇上有	四处找妈妈

练习六 (Exercise 6)
学习购物中心词汇

Additional Vocabulary List: Shopping

shēngcí 生词 (New Words)	pīnyīn 拼音 (Phonetic Alphabets)	Yīngyǔ 英语 (English)
书店	shūdiàn	bookstore
糖果店	tángguǒ diàn	candy store
礼品店	lǐpǐn diàn	gift store
百货商店	bǎihuò shāngdiàn	department store
电子商店	diànzǐ shāngdiàn	electronics store
花店	huā diàn	florist
食街	shí jiē	food court
美发沙龙	měifà shālóng	beauty/hair salon
冰淇淋店	bīngqílín diàn	ice cream shop
首饰商店	shǒushì shāngdiàn	jewelry store
音乐商店	yīnyuè shāngdiàn	music store
眼镜店	yǎnjìng diàn	optical shop
宠物商店	chǒngwù shāngdiàn	pet store
鞋店	xié diàn	shoe store
玩具店	wánjù diàn	toy store
旅行社	lǚxíng shè	travel agency
音像店	yīnxiàng diàn	video store

练习七 (Exercise 7)

根据下列词语编排句子

Rearrange the following sentences.

1) 十五分钟的 有 在离我家 一家玩具店 小镇上

2) 还去 玩具店 这么大了 我

3) 就跑了 我 撒腿 和妹妹 刚说完

4) 我内心 其实 想去的 还是

5) 去给大象 我 找来了 赶紧 要穿的衣服

6) 去哪儿了 到底 呢 妈妈

7) 找妈妈 我 妹妹的 牵着 手 四处

练习八 (Exercise 8)
找词

Circle the phrases or sentences according to what you hear from the teacher.

我和妹妹刚说完，撒腿就跑了

紧紧地抱住了妈妈

我们就见到妈妈和弟弟在那儿

见妈妈到处都不在，妹妹哭了起来

等我们来到积木拼图玩具部时

眼里含着宽慰的眼泪　我低下头说不出话来

妹妹挑了一只大象

我们时时都应该专心听讲

练习九 (Exercise 9)
选词造句

Choose words from the following box to make sentences.

```
去 星 期 六 我 哪 儿 五 家 分 钟 说 身 边
的 问 小 镇 是 就 在 睡 手 和 一 家 还 这
么 大 了 带 牵 着 你 弟 弟 在 妹 妹 我 上
完 在 中 文 课 我 幼 儿 部 我 跑 着 玩 妈
妈 有 玩 具 店 离 爸 爸 刚 一 拐 想 看 到
```

1)

2)

3)

4)

5)

练习十 (Exercise 10)
中译英

Translate the following sentences into English.

1) 见妈妈到处都不在，妹妹哭了起来。

2) 玩具店的玩具可真多！

3) 等我们来到积木拼图玩具部时，妈妈不在那儿。

4）　于是我牵着妹妹的手，四处去寻找妈妈。

5）　我和妹妹刚说完，撒腿就跑了。

6）　我让你们自己先去玩会儿，我带你弟弟去幼儿部看看。

7）　在离我家十五分钟的小镇上有一家玩具店。

8) 爸爸妈妈问妹妹和我想去哪儿玩。

练习十一 (Exercise 11)
英译中

Translate the following sentences into Chinese.

1. There is a toy store about fifteen minutes away from my home.

2. Mom and Dad asked my sister and me where we would like to go.

3. I was too old for toys, but in my heart I still wanted to go.

4. As soon as we turned a corner, we saw Mom with our brother.

5. We ran up to Mom and hugged her. I had tears in my eyes, but they were tears of relief!

第二课生词表 (Lesson Two New Words and Expressions)

shēngcí 生 词 (New Words)	pīnyīn 拼 音 (Phonetic Alphabets)	Yīngyǔ 英 语 (English)
一支彩笔	yīzhīcǎibǐ	a colored pencil
方位	fāngwèi	position
给……买了	gěi…… mǎi le	bought for…
一盒	yī hé	a box of
打开	dǎkāi	open
里面	lǐmiàn	inside
两排	liǎngpái	two rows
第一排	dìyīpái	the 1st row
第二排	dì'èrpái	the 2nd row
在桌上	zàizhuōshàng	on the table
在……的左边	zài……zuǒ·bian	on the left of…
在……的右边	zài……yòu·bian	on the right of…
在……的旁边	zài……pángbiān	next to…
在……的前面	zài……qián·mian	in front of…
在……的后面	zài……hòu·mian	behind…
在……的上面	zài……shàng·mian	above/ on…
在……的下面	zài……xià·mian	below/under…
在……的中间	zài……zhōngjiān	between…
在……的里面	zài……lǐmiàn	inside…
沙发	shāfā	sofa
椅子	yǐ·zi	chair
窗子	chuāng·zi	window

| 门 | mén | door |

第二课

彩笔

星期天上午，妈妈给弟弟买了一盒彩笔。我打开一看，里面

有两排彩笔。一排在上面,一排在下面。

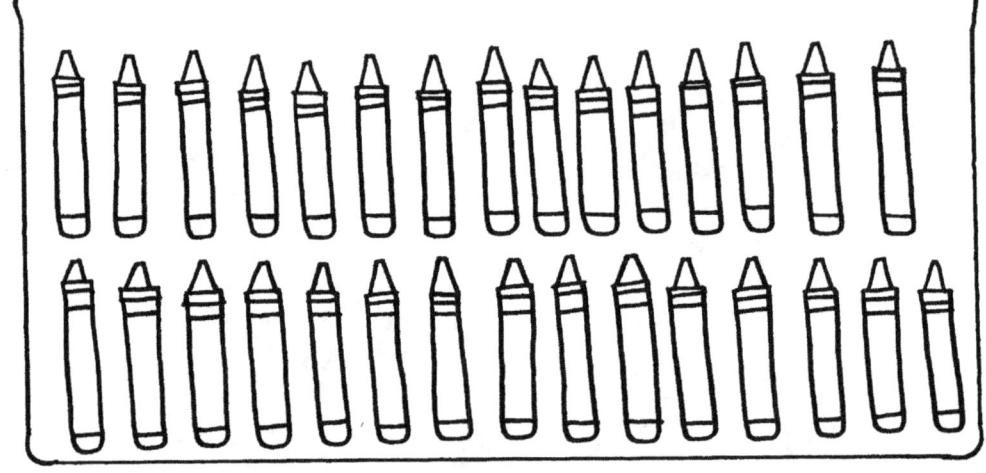

第一排有一支红的、两支黄的、三支蓝的、四支白的、五支黑的。

第二排有一支紫的、两支灰的、三支粉红的、四支绿的,还有两支咖啡色的和三支橘黄的。

黄的在红的右边。
红的在黄的左边。
黑的在蓝的右边。
紫的在灰的左边。
粉的在灰的右边。
咖啡的在绿的和橘黄的中间。
红的在紫的上面。
紫的在红的下面。

怎么说?　　How do you say it in Chinese?

"Where is my book?"

"我的书在哪儿?"

"On the bookshelf."

"在书架上。"

"On your writing desk."

"在你的写字桌上。"

"In my younger sister's room."

"在我妹妹的房间里。"

练习一 (Exercise 1)

回答问题 Draw a picture in each box according to the text.

1) 红的彩笔在黄的彩笔和蓝的彩笔的中间。

2) 橘黄的彩笔在灰的彩笔的左边。

3) 黑的彩笔在粉的彩笔和绿的彩笔的右边。

4) 红的在绿的后面，绿的在红的前面。

5) 灯在黑桌子的上面。两把黑椅子在黑桌子的旁边。红沙发在黑桌子和椅子的后面。

练习二 (Exercise 2)

从括弧中选词填空

Fill in the blanks using the words or phrases in parentheses.

(左边 右边 前面 后面 中间
上面 上 下面 里面 旁边)

1) 盒子_____有很多彩笔。
(inside, in)

2) 桌子的_____有两把椅子。 (next to)

3) 爸爸妈妈坐在我的_____。 (behind)

4) 哥哥和弟弟坐在我的

　　_____。(on the right of)

5) 姐姐和妹妹坐在我的

　　_____。(in front of)

6) 白盒子在黑盒子的

　　_____。(on top of)

7) 黑盒子在白盒子的

　　_____。(under)

8) 粉红盒子在紫盒子和咖啡盒子的_____。(between)

9) Mr. Rogers 站在 Sam 的

　　_____。(on the left of)

10) A：爸爸上午买的彩笔在哪儿？

　　B：在桌子_____。（on）

练习三 (Exercise 3)

根据拼音写词语

Write these words in Chinese according to pinyin.

yǒu liǎng pái　　　　yī zhī cǎi bǐ

_____　　　　_____

yī hé cǎibǐ   zài zhuō shàng
_____   _____

zài…zuǒ·bian   zài…yòu·bian
_____   _____

练习四 (Exercise 4)

词语搭配 Match the words and phrases on the left with those on the right.

三把	我的前面
咖啡色的	在黄的彩笔的右边
妈妈坐在	椅子在我的后面
红的彩笔	桌子在椅子的旁边
蓝的盒子里	在蓝盒子和黄盒子的中间
红盒子	有三本橘黄的书

练习五 (Exercise 5)
根据以下短文完成句子

Complete the following sentences according to the text.

我家的花园里有两棵树。房子的左边是一棵大树，房子的右边是一棵小树。大树上有一只小松鼠。小树的前面有两把咖啡色的椅子。椅子的下面睡着两只小黑猫；椅子上躺着一只咖啡的狗。

1) A: 两棵树在哪儿?
   B: 在我家的花园_____。

2) A: 大树在哪儿?
   B: 在房子的_____。

3) A: 小树呢?
   B: 在房子的_____。

4) A: 小松鼠在哪儿?
   B: 在大树_____。

5) A: 咖啡色的椅子在哪儿?
   B: 在小树的＿＿＿＿＿＿。

6) A: 两只小黑猫在哪儿?
   B: 在椅子的＿＿＿＿＿＿。

7) A: 咖啡色的狗在哪儿?
   B: 在椅子＿＿＿＿＿＿。

练习六 (Exercise 6)
根据下列词语编排句子

Rearrange the following words and phrases into sentences.

1) 黄的 的中间 在红的和蓝的 彩笔 彩笔

2) 后面 红房子 白房子的 在

3) 白房子 很多 那个 的 有 绿的树 后面

4) 有 粉红的彩笔 彩笔 和 上面 在红的 黑的彩笔

5) 的旁边 咖啡色的 有 椅子 两把 桌子

6) 坐在 右边 我 和 妹妹 爸爸 妈妈的

练习七 (Exercise 7)
找词

Circle the phrases according to what you hear from the teacher.

在红房子的前面　　妹妹呢

妈妈的前面

姐姐坐在爸爸的后面

粉红的盒子在黄的盒子的下面

大树旁边的那个白房子是我的家

妈妈给弟弟买了一盒新彩笔

在桌上　　一只小黑狗坐在爷爷的左边

一只咖啡色的猫坐在奶奶的右边

练习八 (Exercise 8)
看图说话

Make Chinese sentences based on the visual aids below.

练习九 (Exercise 9)

阅读练习 Reading Comprehension Exercise.

这是弟弟的玩具房。玩具房里放着很多彩色的盒子。红盒子在绿盒子的上面，黑盒子在绿盒子的下面。橘黄盒子在咖啡色盒子和蓝盒子的中间。灰盒子在红盒子的前面，紫盒子在蓝盒子的后面。红盒子的左边有两个粉红的小盒子，蓝盒子的右边有两个大盒子。大盒子里面有三只猫：一只白的，一只黑的，还有一只咖啡色的。

练习十 (Exercise 10)

听写 Dictation.

The teacher may choose the words, phrases or sentences for this exercise.

第三课生词表 (Lesson Three New Words and Expressions)

shēngcí 生 词 (New Words)	pīnyīn 拼 音 (Phonetic Alphabets)	Yīngyǔ 英语 (English)
吃午饭	chīwǔfàn	eat lunch
自助餐厅	zìzhù cāntīng	cafeteria
一边……一边	yībiān……yībiān	a pattern to describe two co-existing actions
聊	liáo	chat
麦片	màipiàn	cereal
果酱	guǒjiàng	jam
鸡蛋	jīdàn	egg
牛奶	niúnǎi	milk
水果	shuǐguǒ	fruit
香蕉	xiāngjiāo	banana
草莓	cǎoméi	strawberry
色拉/沙拉	sèlā／shālā	salad
烤面包	kǎomiànbāo	toast
通常	tōngcháng	usually
早点	zǎodiǎn	breakfast
最喜欢	zuìxǐ·huan	favorite
意大利香肠	Yìdàlì xiāngcháng	Italian sausage
土豆泥	tǔdòuní	mashed potatoes
黄油	huángyóu	butter
不让我吃	búràngwǒchī	not let me eat
发胖	fāpàng	get fat
不健康	bújiànkāng	unhealthy

带午饭	dài wǔfàn	bring packed lunch
三明治	sānmíngzhì	sandwich
巧克力	qiǎokèlì	chocolate
饮料	yǐnliào	drink
比萨饼	bǐsàbǐng	pizza
通心粉	tōngxīnfěn	penne
意大利面条	Yìdàlì miàntiáo	spaghetti
四季豆	sìjìdòu	string beans
烤土豆	kǎotǔdòu	baked potatoes
芥兰鸡	jièlánjī	chicken with broccoli
鱼	yú	fish
猪肉	zhūròu	pork
牛肉	niúròu	beef
快餐	kuàicān	fast food
蔬菜	shūcài	vegetable
面包	miànbāo	bread
除了……以外	chúle……yǐwài	besides
美国菜	Měiguócài	American food
中国菜	Zhōngguócài	Chinese food

第三课
你最喜欢吃什么？

中午在学校的自助餐厅吃午饭，Clara和Kate坐在一张桌上，她们一边吃，一边聊起了各自喜欢吃的早点和午饭。

Clara: Kate，你早点吃什么呢？

Kate: 通常是麦片、果酱、鸡蛋和牛奶。有时，妈妈给我准备些水果沙拉，香蕉、草莓什么的。Clara，你呢？

Clara: 我每天吃两片烤面包，一杯牛奶。我吃得不多。

Kate: 你通常几点吃早点?

Clara: 我通常七点一刻吃早点。

Kate: 那你最喜欢吃的早点是什么呢?

Clara: 我最喜欢吃意大利香肠、土豆泥和黄油,可是妈妈通常不让我吃,说吃了会发胖,不健康。

Kate: 你自己带午饭呢,还是

在学校自助餐厅买了吃呢？

Clara: 我一星期只带一次饭，通常是星期五，因为那天自助餐厅没有三明治，所以我通常带一个三明治、一块巧克力、一罐饮料。

Kate: 你午饭最喜欢吃什么？

Clara: 我最爱吃的是比萨饼、通心粉、意大利面，鸡色拉、四季豆、烤土豆什么的；中餐的话，我最喜欢吃芥兰鸡，太好吃了。

Kate: 我也一样。那你最不喜欢吃的是什么？

Clara: 我最不喜欢吃的是鱼、猪肉和牛肉。你呢？

Kate: 我最不喜欢吃的是快餐、蔬菜和面包，太难吃了。

Clara: 哟，快一点了，咱们上课去吧。

怎么说?   How do you say it in Chinese?

"What would you like to eat for dinner?"

"你晚饭想吃什么?"

"What is your favorite food?"

"你最喜欢吃什么?"

"What is your least favorite food?"

"你最不喜欢吃什么呢?"

"My least favorite food is pizza."

"我最不喜欢吃的是比萨饼。"

"I don't really like pizza."

"我不太喜欢比萨饼。"

"Are there any other vegetables you don't like to eat besides carrots and potatoes?"

"除了胡萝卜和土豆以外,还有什么蔬菜你不喜欢吃呢?"

"Do you buy lunch at school or do you bring a packed lunch?"

"你是在学校买午饭呢,还是自己带午饭呢?"

"Add some sugar, pepper, and salt."

"加点糖,胡椒和盐。"

练习一 (Exercise 1)

回答问题 Answer the following questions in Chinese.

1) 你喜欢吃什么早点？
2) 你几点吃早点？
3) 你在哪儿吃早点？
4) 谁给你准备早点？
5) 你最喜欢吃的早点是什么？
6) 你最不喜欢吃的早点是什么？
7) 你最喜欢吃的中餐是什么？

8) 你最不喜欢吃的中餐是什么?

9) 星期六晚上你请谁吃饭?

10) 你喜欢吃中国菜还是美国菜?

练习二 (Exercise 2)
从括弧中选词填空

Fill in the blanks using the words or phrases in parenthesis.

（最喜欢　七点半　什么的　带　聊起了　不让我　只带　通常　两片　还是　太好吃　喝一杯　一边　给我　最不喜欢　午饭）

1) 你＿＿＿＿＿＿吃什么？
2) 我＿＿＿＿＿＿吃中餐。
3) 你＿＿＿＿＿＿几点吃早点？

4) 我通常_____吃早点。

5) 她们_____吃，一边_____各自喜欢吃的早点和午饭。

6) 有时，妈妈_____准备些水果沙拉，香蕉、草莓_____。

7) 我每天差不多吃_____烤面包，_____牛奶。

8) 我_____吃意大利香肠、土豆泥和黄油。

9) 可是妈妈通常_____吃，说吃了会发胖。

10) 你自己_____午饭呢，_____在学校自助餐厅买了吃呢？

11) 我一星期_____一次饭，通常是星期五。

12) 我最爱吃芥兰鸡，_____了。

练习三 (Exercise 3)
根据拼音写词语

Write these words in Chinese according to pinyin.

màipiàn　　　zǎodiǎn　　　cǎoméi

_____　　　_____　　　_____

shuǐguǒshālā　　　tōngcháng　　　niúnǎi

_____　　　_____　　　_____

yú　　　zhūròu　　　niúròu

_____　　　_____　　　_____

练习四 (Exercise 4)
词语拼音配对

Match these Chinese words and phrases with pinyin.

面包	Zhōngguócài
美国菜	jīsèlā
巧克力	miànbāo
鸡色拉	Měiguócài
比萨饼	tōngxīnfěn
烤土豆	shūcài
芥兰鸡	Yìdàlìmiàn
通心粉	jièlánjī
意大利面	kǎotǔdòu
蔬菜	bǐsàbǐng
中国菜	qiǎokèlì

练习五 (Exercise 5)

词语搭配 Match the words and phrases on the left with those on the right.

除了	各自喜欢吃的早点
你午饭最喜欢吃	我最爱吃芥兰鸡
在学校的	吃蔬菜以外
聊起了	是鱼、猪肉和牛肉
中餐的话	什么
我最不喜欢吃的	自助餐厅
我通常带	只带一次饭
快一点了	一个三明治、一块巧克力
妈妈给我准备些	吃两块烤面包
我一星期	咱们上课去吧
我每天差不多	水果沙拉什么的

练习六 (Exercise 6)
学习食品词汇

Additional Vocabulary List: Food

shēngcí 生词 (New Words)	pīnyīn 拼音 (Phonetic Alphabets)	Yīngyǔ 英语 (English)
蛋糕	dàngāo	cake
辣鸡翅	làjīchì	spicy chicken wings
甜甜圈	tiántiánquān	donuts
炸薯条	zhàshǔtiáo	french fries
大蒜面包	dàsuànmiànbāo	garlic bread
麦乐鸡	Màilèjī	Chicken McNuggets
汉堡包	hànbǎobāo	hamburger
热狗	règǒu	hot dog
番茄酱	fānqiéjiàng	ketchup
生菜	shēngcài	lettuce
芥末	jièmò	mustard
玉米片	yùmǐpiàn	cornflakes
煎饼	jiānbing	pancakes
色拉酱	sèlājiàng	salad dressing
牛排	niúpái	steak
汽水	qìshuǐ	soda
冰茶	bīngchá	iced tea

| 奶昔 | nǎixī | milk shake |
| 冻酸奶 | lěngdòngsuānnǎi | frozen yogurt |

练习七 (Exercise 7)

根据下列词语编排句子

Rearrange the following words and phrases into sentences.

1) 你 什么 最不喜欢 中餐 是 吃的

2) 每天 吃 几点 你 早点

3) 妈妈 水果 每天 给我准备 沙拉

4) 快餐 最不喜欢 是 吃的 我

5) 烤面包 早上 我 每天 吃两片

6) 你 午饭 带 自己 呢 还是 买午饭

7) 自助餐厅 吃午饭 每天 我 在

练习八 (Exercise 8)
找词

Circle the phrases according to what you hear from the teacher.

蔬菜色拉　吃午饭　自助餐厅

我最喜欢吃的是牛肉和鸡肉

最不喜欢吃鸡色拉

水果沙拉　比萨饼　蛋糕和牛奶

妈妈给弟弟买了一个生日蛋糕

我很喜欢吃意大利通心粉　意大利面条

我每天差不多吃两块烤面包

妈妈给我准备些水果沙拉、香蕉、草莓什么的

练习九 (Exercise 9)
选词造句

Choose words from the following box to make sentences.

沙拉	吃	妈妈	我	准备	最	水果	给	喜欢
带	每天	的	星期六	吃	一杯	在	烤面包
牛奶	两	饮料	片	差不多	不	自助餐厅
罐	通常	是	香肠	我	午饭	让	意大利面

1)

2)

3)

4)

5)

练习十 (Exercise 10)

中译英

Translate the following sentences into English.

1) 你最喜欢吃的是什么?

2) 我最不喜欢吃的是快餐、蔬菜和面包,太难吃了。

3) 你自己带午饭呢,还是在学校自助餐厅买了吃呢?

4) 我最不喜欢吃的是鱼、猪肉和牛肉。

5) 你喜欢吃中国菜还是美国菜?

练习十一 (Exercise 11)
英译中

Translate the following sentences into Chinese.

1) What is your favorite food?

2) What is your least favorite food?

3) My favorite food is beef.

4) Do you like Chinese food or American food?

5) What do you usually have for breakfast?

第四课生词表 (Lesson Four New Words and Expressions)

shēngcí 生词 (New Words)	pīnyīn 拼音 (Phonetic Alphabets)	Yīngyǔ 英语 (English)
假如	jiǎrú	if
变成	biànchéng	become/turn into
动物	dòngwù	animal
老虎	lǎohǔ	tiger
漂亮	piàoliang	beautiful
凶猛	xiōngměng	fierce
动物园	dòngwùyuán	zoo
大自然	dàzìrán	nature
非洲	Fēizhōu	Africa
要不然	yàobùrán	otherwise
印度	Yìndù	India
或者	huòzhě	or
海豚	hǎitún	dolphin
游泳	yóuyǒng	swim
鲸鱼	jīngyú	whale
最棒的	zuìbàngde	the best
尾巴	wěi·ba	fluke
闪出水面	shǎnchū shuǐmiàn	surface from ocean
它	tā	it
它们	tā·men	they
自由自在地奔驰	zìyóuzìzàide bēnchí	gallop freely
充满	chōngmǎn	be filled with

活力	huólì	vitality, energy
草原	cǎoyuán	savannah
无忧无虑	wúyōuwúlǜ	carefree
逗人喜爱	dòu rén xǐ'ài	cute
整天	zhěngtiān	all day long
做功课	zuò gōngkè	do homework
打搅	dǎjiǎo	bother
老鹰	lǎoyīng	eagle
翱翔	áoxiáng	soar
渴望自由	kěwàng zìyóu	long for freedom
通人情	tōng rénqíng	understand human feeling
陪伴	péibàn	accompany
身旁	shēnpáng	by the side of someone
舔	tiǎn	lick
望着	wàng·zhe	look at
伤心	shāngxīn	sad
养过	yǎngguò	raised
感情	gǎnqíng	feeling
温柔的一面	wēnróude yīmiàn	gentle side

第四课
假如

假如你可以变成一只动物，你想变成一只什么动物呢？

Sean：我想变成一只老虎，一只白色的老虎。

Andy：为什么呢，Sean？

Sean：因为白色的虎漂亮、凶猛，可是动物园里很难见到。

Andy：那你能在什么地方见到白色的虎呢？

Sean: 可能在大自然，在非洲吧，要不然就是在印度，或者是中国的东北。

Andy: 是吗？Kate你呢？

Kate: 我最想变成一只海豚，因为海豚聪明，而且游的时候非常漂亮。

Sean: 可是我觉得鲸鱼游的时候才是最棒的，最漂亮的。特别是当鲸鱼巨大的尾巴闪出水面时，太美了。

Andy, 你呢?

Andy: 我想变成一匹棕色的马，它带着自己的小马们，在非洲的大草原上自由自在地奔驰，全身充满着活力。

Kate, 你呢?

Kate: 我想变成一只无忧无虑的小猫，因为它不用整天在家做功课，而且吃完了就睡，想去哪儿就去哪儿，谁也不打搅，多美啊！
Liz, 你呢？

Liz: 我想变成一只老鹰，在天上翱翔，一身的自由，因为我渴望自由。
John, 你呢？

John: 我想变成一只狗，因为它最通人情。我不高兴的时候，它会陪伴我，趴在我的身旁，舔我，望着我，好像在跟我说，别伤心，一切都会好的。

Sean：是的，假如你没有养过动物，你就不知道动物的感情；只有当你天天跟动物生活在一起的时候，你才会慢慢地发现，动物和人一样，充满着感情，它们通人情，它们有温柔的一面。

怎么说? How do you say it in Chinese?

"What would you like to be?"
"你想当什么?"

"I would like to be a doctor."
"我想当一名医生。"

"I would like to be a tiger."
"我想变成一只老虎。"

"I would like to be a lion, the king of jungle."
"我想变成一只狮子,做丛林之王。"

练习一 (Exercise 1)

回答问题 Answer the following questions in Chinese.

1) 你想当什么?

2) 假如你可以变成一只动物,你想变成一只什么动物呢?

3) 你喜欢变成一只狗,为什么呢?

4) 你为什么要变成一只白色的老虎呢?

5) 你可能在哪儿见到白色的虎？

6) 鲸鱼游泳时什么时候最美？

7) 你为什么喜欢棕色的马？

8) 你为什么想做一只无忧无虑的猫？

9) 你为什么喜欢天上飞的老鹰？

10) 你怎么知道动物通人情？

练习二 (Exercise 2)
从括弧中选词填空

Fill in the blanks using the words or phrases in parentheses.

(慢慢地 最棒的 通人情 闪出 充满着 伤心 感情 翱翔 聪明 自由自在 养过 整天 变成 无忧无虑 漂亮)

1) 假如你可以变成一只动物,你想_____一只什么动物呢?

2) 你没有_____动物，你不知道动物的_____。

3) 我想变成一只鹰，在天上_____。

4) 它好像在跟我说，别_____。

5) 只有当你天天跟动物生活在一起的时候，你才会_____发现，动物和人一样，_____感情。

6) 动物_____，它们有温柔的一面。

7) 小马们在非洲的大草原上_____地奔驰。

8) 我想变成一只_____的小猫，因为它不用_____在家做功课。

9) 可是我觉得鲸鱼游的时候才是_____，最漂亮的。特别是当鲸鱼巨大的尾巴_____水面时，太美了。

10) 我最想变成一只海豚，因为海豚_____，而且游的时候非常_____。

练习三 (Exercise 3)
根据拼音写词语

Write these words in Chinese according to pinyin.

dǎjiǎo   yǎngguò   shāngxīn

_____   _____   _____

tōng rénqíng   cǎoyuán   zhěngtiān

_____   _____   _____

Fēizhōu   piào·liang   zuògōngkè

_____   _____   _____

练习四 (Exercise 4)
词语拼音配对

Match these Chinese words and phrases with pinyin.

通人情	lǎoyīng
老鹰	tōngrénqíng
鲸鱼	péibàn
非洲	xiōngměng
大自然	shāngxīn
陪伴	Fēizhōu
伤心	dǎjiǎo
感情	hǎitún
打搅	dàzìrán
凶猛	jīngyú
海豚	gǎnqíng

练习五 (Exercise 5)

词语搭配 Match the words and phrases on the left with those on the right.

我想变成	自由自在地奔驰
鲸鱼巨大的尾巴	自由
因为白色的虎	一只白色的老虎
假如你没有养过动物	非常漂亮
海豚游的时候	漂亮、凶猛
它带着小马们	闪出水面
不用整天在家	充满着活力
无忧无虑的	不打搅
因为我渴望	做功课
全身	就不知道动物的感情
谁也	小猫

练习六 (Exercise 6)
学习动物词汇

Additional Vocabulary List: Animals

shēngcí 生 词 (New Words)	pīnyīn 拼 音 (Phonetic Alphabets)	Yīngyǔ 英 语 (English)
猫	māo	cat
花栗鼠	huālìshǔ	chipmunk
牛	niú	cow
狗	gǒu	dog
驴	lǘ	donkey
山羊	shānyáng	goat
金鱼	jīnyú	goldfish
豚鼠	túnshǔ	guinea pig
母鸡	mǔjī	hen
公鸡	gōngjī	rooster
马	mǎ	horse
小猫	xiǎomāo	kitten
耗子	hào·zi	mouse
猪	zhū	pig
小狗	xiǎogǒu	puppy
兔子	tù·zi	rabbit
老鼠	lǎoshǔ	rat

羊	yáng	sheep
松鼠	sōngshǔ	squirrel
麋鹿	mílù	moose
雪豹	xuěbào	snow leopard
狮子	shī·zi	lion
狼	láng	wolf
北美野牛	běiměiyěniú	bison
骆驼	luò·tuo	camel
鸟	niǎo	bird
长颈鹿	chángjǐnglù	giraffe
斑马	bānmǎ	zebra
熊	xióng	bear
臭鼬	chòuyòu	skunk
浣熊	huànxióng	raccoon
鹿	lù	deer
狐狸	hú·li	fox
大象	dàxiàng	elephant
袋鼠	dàishǔ	kangaroo
考拉	kǎolā	koala
熊猫	xióngmāo	panda

练习七 (Exercise 7)
根据下列词语编排句子

Rearrange the following words and phrases into sentences.

1) 你 变成 动物 想 什么

2) 变成 我 白色的 一只 想 虎

3) 那你能 见到 白色的虎呢 在什么地方

4) 全身 马的 充满着 活力

5) 在家 它 不用 做功课 整天

6) 陪伴 会 我的 我 趴在 身旁 它

7) 动物 不知道 养过 你 你就 没有 动物的感情

练习八 (Exercise 8)
找词

Circle the phrases according to what you hear from the teacher.

白色的老虎　养过动物　在天上翱翔

天天跟动物生活在一起

陪伴着我　动物通人情

它们有温柔的一面

趴在我的身旁　谁也不打搅

因为我渴望自由　巨大的尾巴

闪出水面　无忧无虑的小猫

自由自在地奔驰

练习九 (Exercise 9)
选词造句

Choose words from the following box to make sentences.

凶猛	我	非常	鹰	我	鲸鱼	猫	无忧无虑
奔驰	的	漂亮	只	见到	马	游泳	的	变成
难	自由地	白	聪明	不	非洲	很	通人情
色	动物园	一	觉得	想	老虎	里	大自然

1)

2)

3)

4)

5)

练习十 (Exercise 10)
中译英

Translate the following sentences into English.

1) 你喜欢变成什么?

2) 我想变成一只小猫或者一只狗。

3) 我想变成一匹马,因为我喜欢马自由自在地在草原上奔驰。

4) 我想变成一只狗，因为它最通人情。

5) 你没有养过动物，你就不知道动物的感情；只有当你天天跟动物生活在一起的时候，你才会慢慢地发现，动物和人一样，充满着感情。

练习十一 (Exercise 11)
英译中

Translate the following sentences into Chinese.

1) What would you like to be?

2) I would like to be a kitten or a puppy.

3) I would like to be a penguin because penguins swim beautifully.

4) I would like to be a big white tiger because they are beautiful and fierce.

5) I would like to be a wild horse so that I could gallop freely.

第五课生词表 (Lesson Five New Words and Expressions)

shēngcí 生词 (New Words)	pīnyīn 拼音 (Phonetic Alphabets)	Yīngyǔ 英语 (English)
运动	yùndòng	sports
开学	kāixué	a new semester begins
平时	píngshí	usually
体育爱好	tǐyùàihào	interest in sports
校足球队	xiào zúqiú duì	varsity soccer team
抽空	chōukòng	manage to find time
聊聊	liáo·liao	chat
申请	shēnqǐng	apply for
参加	cānjiā	participate
所有的	suǒyǒude	all
情况	qíngkuàng	situation
教练	jiàoliàn	coach
带我	dàiwǒ	take me
踢足球	tīzúqiú	play soccer
找	zhǎo	look for
锻炼	duànliàn	(physical) exercise
更大／更多	gèngdà／gèngduō	more
周末	zhōumò	weekend
做贡献	zuò gòngxiàn	to contribute to
除了……以外	chúle…yǐwài	besides
报名	bàomíng	sign up, register
别的	biéde	other

冬季	dōngjì	winter season
游泳	yóuyǒng	swim
打篮球	dǎlánqiú	play basketball
一场球赛	yīchǎngqiúsài	one match/game
……对……	duì	...vs. ...
年度赛	niándùsài	annual match
决赛	juésài	final
半决赛	bànjuésài	semi-final
最后	zuìhòu	finally
罚点球	fádiǎnqiú	penalty kick
取胜	qǔshèng	win
赢	yíng	win
在足球场见	zài zúqiúchǎng jiàn	see you on the soccer field

第五课
你经常运动吗?

开学的第一个星期三中午,Miller教练把我叫到他的办公室,想了解我平时的运动情况和体育爱好,因为我很想参加校足球队。

教练: Kate,你好。今天我想抽空和你聊聊你平时的运动情况。

Kate: Miller教练,你好。

教练: 我看到你的申请了,你很想参加校足球队。

Kate: 是的。在所有的运动中，我最喜欢的就是足球。从小爸爸就带我踢球。记得我在小学三年级的时候，爸爸就找了足球教练帮我练球。到现在，我踢了差不多三年半了。我很想在校队里踢，因为这对我的锻炼更大，我也能为学校做更多的贡献。

教练： 你一星期踢几次球？

Kate： 差不多两到三次。功课不忙的时候，我周末还和我弟弟踢球。

教练： 除了足球以外，你还报名参加别的运动吗？

Kate： 现在没有，但是到了冬季，我想报名参加游泳和打篮球。

教练： 校队球赛你看了吗？

Kate： 看了一些，我最喜欢

的那场球赛是Tiger队对Leopard队。

教练: 今年年度赛的半决赛和决赛是哪几支球队?

Kate: 半决赛一共有四支球队，两场球赛；一场是Leopard队对Tiger队，Tiger队最后靠罚点球以2:1取胜；另一场是Cheetah队对Jaguar队，Cheetah队以1:0胜Jaguar

队。

教练: 决赛谁赢了？

Kate: Cheetah队以2:0胜Tiger队。

教练: 对，Cheetah队赢了。待会儿咱们上场去练一下球。

Kate: 好，谢谢Miller教练。一会儿在足球场见。

怎么说? How do you say it in Chinese?

"How many times do you play sports per week?"

"你一星期运动几次?"

"Do you play on any teams?"

"你参加运动队吗?"

"The Tigers beat the Wolves 3 to 1."

"Tiger队以3:1胜Wolf队。"

"The Tigers beat the Wolves 2 to 1 on penalty kicks."

"Tiger队靠罚点球以2:1胜Wolf队。"

"The Tigers tied the Wolves with 1-1."

"Tiger队和Wolf队1:1 打平。"

练习一 (Exercise 1)

回答问题 Answer the following questions in Chinese.

1）Kate经常运动吗？

2）Kate一星期运动几次？

3）Miller 教练是什么时候找Kate的？

4）Miller教练为什么找Kate？

5) Kate最喜欢什么运动, 为什么?

6) Kate从什么时候开始踢足球的?

7) Kate每周踢几次球? 她还报名参加其他运动吗?

8) 那年年度赛的半决赛是哪几支球队? 哪个队赢了, 哪个队输了?

9) 决赛是哪两支球队? 谁赢了? 谁输了?

10) Kate会进校队吗?

练习二 (Exercise 2)
从括弧中选词填空

Fill in the blanks using the words or phrases in parentheses.

（把 报名 参加 运动 喜欢 踢几次 情况 申请 带我 以外 教我 因为 抽空 爱好 聊聊 贡献 除了 帮我练球 靠罚点球）

1) Miller 教练_____我叫到他的办公室，想了解我的运动_____和体育_____。

2) 今天我想_____和你_____你平时运动的情况。

3) 我看到你的_____了，你很想_____校足球队。

4) 在所有的_____中，我最_____的就是足球。

从小爸爸就_____踢球。

记得我在小学三年级的时候，爸爸就找了足球教练_____。

5) 我很想在校队踢，_____这对我的锻炼更大，我也能为学校做更多的_____。

6) 功课不忙的时候，我周末还和我弟弟_____。

7) _____足球_____，你还_____参加别的运动吗？

8) Tiger队最后_____以2:1取胜。

练习三 (Exercise 3)
根据拼音写词语

Write these words in Chinese according to pinyin.

duànliàn   chōukòng   zuògòngxiàn

_____   _____   _____

qiúsài   bàomíng   bànjuésài

_____   _____   _____

liáo·liao   píngshí   yùndòng

_____   _____   _____

练习四 (Exercise 4)
词语拼音配对

Match these Chinese words and phrases with pinyin.

决赛	xiàoduì
罚点球	bàomíng
游泳	àihào
打篮球	dǎlánqiú
爱好	zuògòngxiàn
报名	shēnqǐng
参加	yùndòng
运动	juésài
申请	fádiǎnqiú
校队	cānjiā
做贡献	yóuyǒng

练习五 (Exercise 5)

词语搭配 Match the words and phrases on the left with those on the right.

了解我平时的	和你聊聊
校队的球赛	运动情况
今天我想抽空	校足球队
Tigar队靠	你的申请了
Cheeta队以	别的运动吗
半决赛一共	你看了吗
你还报名参加	1:0 胜Jaguar队
我也能为学校	有四支球队
你很想参加	罚点球以2:1取胜
爸爸就找了	做更多的贡献
我看到	足球教练帮我练球

练习六 (Exercise 6)
学习体育词汇

Additional Vocabulary List: Sports

shēng cí 生 词 (New Words)	pīn yīn 拼音 (Phonetic Alphabets)	yīng yǔ 英语 (English)
射箭	shèjiàn	archery
棒球	bàngqiú	baseball
台球	táiqiú	billards/pool
保龄球	bǎolíngqiú	bowling
接球	jiēqiú	catch
越野滑雪	yuèyěhuáxuě	cross-country skiing
骑自行车	qí zìxíngchē	cycling/biking
潜水	qiánshuǐ	dive
高山滑雪	gāoshānhuáxuě	downhill skiing
运球	yùnqiú	dribble
运动	yùndòng	exercise, work out
球迷	qiúmí	fan
击剑	jījiàn	fencing
花样滑冰	huāyànghuábīng	figure skating
赛跑	sàipǎo	running race
起跑	qǐpǎo	start
终点	zhōngdiǎn	finish
飞盘	fēipán	Frisbee
高尔夫球	gāo'ěrfūqiú	golf
体操	tǐcāo	gymnastics
冰球	bīngqiú	ice hockey
溜冰	liūbīng	ice skating

慢跑	mànpǎo	jog
跳	tiào	jump
踢	tī	kick
武术	wǔshù	martial arts
传球	chuánqiú	pass
投球	tóuqiú	pitch
裁判	cáipàn	referee
骑	qí	ride
跑	pǎo	run
帆船赛	fānchuánsài	sailing competition
冲浪	chōnglàng	surfing
比分	bǐfēn	score
发球	fāqiú	serve
投球	tóuqiú	shoot
滑冰	huábīng	skate
滑雪	huáxuě	ski
滑雪橇	huáxuěqiāo	sledding
滑雪板	huáxuěbǎn	snowboarding
垒球	lěiqiú	softball
壁球	bìqiú	squash
美式足球	měishìzúqiú	American football
伸展	shēnzhǎn	stretch
挥杆	huīgān	swing
乒乓球	pīngpāng qiú	table tennis/Ping-Pong
运动队	yùndòngduì	sports team
网球	wǎngqiú	tennis
扔	rēng	throw
田径	tiánjìng	track and field
排球	páiqiú	volleyball
竞走	jìngzǒu	race walking
水球	shuǐqiú	water polo
举重	jǔzhòng	weightlifting

| 摔交 | shuāijiāo | wrestling |

练习七 (Exercise 7)
根据下列词语编排句子

Rearrange the following words and phrases into sentences.

1) Miller 把我 他的 办公室 叫到 教练

2) 我 参加 很想 校足球队

3) 和你 今天 抽空 聊聊 我想

4) 到现在 我踢了 三年半了 差不多

5) 为学校 我也能 贡献 做 更多的

6) 报名参加 到了 我想 冬季 游泳和打篮球

7) 就找了 足球 教练 帮我 练球 爸爸

8) 一共 有四支 半决赛 球队

9) Cheetah队 胜 Jaguar队 以 1:0。

10) 去练一下球 咱们 上场

练习八 (Exercise 8)
找词

Circle the phrases according to what you hear from the teacher.

到了冬季　　　　　游泳和打篮球

抽空和你聊聊　　差不多两到三次

教练帮我练球

我想报名参加　　除了足球以外

我最喜欢的那场球赛

你还报名参加别的运动吗

功课不忙的时候

练习九 (Exercise 9)
选词造句

Choose words from the following box to make sentences.

```
冬季 我 教练 一 办公室 第 开学 你 踢
差不多 我 参加 帮 看到 个 几次 他 很
想 到 校队 做 游泳 把 叫到 我 下午 聊
足球 每 平时 的 申请 天 运动 星期 练
```

1)

2)

3)

4)

5)

练习十 (Exercise 10)
中译英

Translate the following sentences into English.

1) 你一星期运动几次？

2) 你觉得哪些体育运动更适合 (suitable) 中学生？ 为什么？

3) 哪些运动更危险 (dangerous)？为什么？

4）我很想了解你平时的运动情况和体育爱好。

5）今天你们的球踢得怎么样？

练习十一 （Exercise 11）
英译中

Translate the following sentences into Chinese.

1) How many times do you play sports per week?

2) I like basketball; I don't like soccer.

3) Which sports do you like the best?

4) Which sports do you think are good for middle school students?

5) Who is your soccer coach?

第六课生词表 (Lesson Six New Words and Expressions)

shēngcí 生 词 (New Words)	pīnyīn 拼 音 (Phonetic Alphabets)	Yīngyǔ 英 语 (English)
怎么	zěnme	how
差不多	chàbùduō	almost
开始	kāishǐ	begin, start
上课	shàngkè	attend class
坐车	zuòchē	by car, by bus
开车	kāichē	drive
骑车	qíchē	ride a bike
离学校不远	líxuéxiào bùyuǎn	not far from school
走着去	zǒuzheqù	walk to
简单	jiǎndān	simple
出门	chūmén	go out
往左拐	wǎngzuǒguǎi	make a left
邮局门口	yóujú ménkǒu	at the post office
过	guò	pass
十字路口	shízì lùkǒu	intersection, crossroads
挺喜欢	tǐng xǐ·huan	quite like
东南西北	dōngnánxīběi	east, south, west, north
有意思的	yǒuyìside	interesting
课外活动	kèwài huódòng	extracurricular activities
参加	cānjiā	participate
举个例子	jǔgè lì·zi	for example
也得看	yěděikàn	it depends

哪门课	nǎménkè	which subject/class
兴趣小组	xìngqù xiǎozǔ	interest club
数学	shùxué	math
物理	wùlǐ	physics
化学	huàxué	chemistry
对……感兴趣	duì……gǎnxìngqù	feel interested in
显得很聪明	xiǎnde hěncōngmíng	appear to be very smart
考试	kǎoshì	exam
英语和历史	Yīngyǔ hé Lìshǐ	English and History
强项	qiángxiàng	strength
时好时坏	shíhǎo shíhuài	sometimes good sometimes bad
不错	búcuò	good
生动有趣	shēngdòng yǒuqù	vivid and interesting
一题多解	yītí duōjiě	multiple solutions to one problem
讲义	jiǎngyì	handouts
练习	liànxí	exercises
测验	cèyàn	test
期中考试	qīzhōng kǎoshì	mid-term exam
期末考试	qīmò kǎoshì	final exam

第六课
你喜欢学校吗？

Anne: Sam 你每天几点上学？

Sam: 差不多七点半。

Anne: 学校几点开始上课？

Sam: 八点。

Anne: 几点放学呢？

Sam: 下午两点半。

Anne: 你每天怎么去学校呢?坐车去还是自己开车去呢?

Sam: 不坐车也不开车。一般骑车去,因为我家离学校不远。不过天气好的话,我喜欢走着去。走着去也不过十来分钟。很简单,出门后往左拐,在邮局门口过马路,往前走,过两个十字路口,再往北走差不多五分钟就到了。

Anne: 你喜欢学校吗?

Sam: 挺喜欢,因为学校有很多有意思的课外活动我可以参加。

Anne: 请举个例子。

Sam: 数学兴趣小组,足球队什么的。不过,有时也得看是哪门课。说实话,因为我对数学、物理和化学很感兴趣,考试也考得好,显得很聪明;可是英语和历史不是我的强项，所以时好时坏。

Anne: 你的老师怎么样？

Sam: 都不错。可是我更喜欢我的数学老师。

Anne: 为什么呢？

Sam: 因为第一，他课上得生动有趣；第二，他总是教我们怎么用新的方法一题多解。

Anne: 你的功课多不多？

Sam: 很多。每门课每天都有很多讲义和练习。

Anne: 考试多不多呢?

Sam: 差不多每周都有测验,期中有期中考试,期末有期末考试。

Anne: 你们班上有多少学生?

Sam: 25个,男生比女生多。

Anne: 哦,你踢球去吧。我们以后再聊。谢谢!再见。

Sam: 好,再见。

怎么说? How do you say it in Chinese?

"Do you like school?"

"你喜欢学校吗?"

"What time does your class start?"

"你们几点上课?"

"What time do you get out of school?"

"你几点放学?"

"How many students are there in your class?"

"你们班上有多少学生?"

"What's your favorite subject?"

"你最喜欢哪门课?"

"What's your least favorite subject?"

"你最不喜欢的科目是什么?"

"Do you get a lot of homework everyday?"

"你每天的功课多不多?"

"Do you often have tests or exams?"

"你常常有测验考试吗?"

"How do you get to school?"

"你怎么去学校?"

"What extra-curricular activities do you have at school?"

"你们学校有些什么课外活动?"

练习一 (Exercise 1)

回答问题 Answer the following questions in Chinese.

1) 你每天怎么去学校?

2) 你每天是走着去还是坐校车去?

3) 你每天几点上学?

4) 你们一星期有几节课?

5) 你们班上有多少学生?

6) 你的中文老师是谁?

7) 你们班上男生多还是女生多?

8) 你们每天几点放学？
9) 你们一周有几次测验？
10) 你每天的功课多不多？
11) 你最喜欢的课是什么？

练习二 (Exercise 2)
从括弧中选词填空

Fill in the blanks using the words or phrases in parentheses.

(坐车　往左拐　更喜欢　走着　很感兴趣　几点　强项　参加　一题多解　十字路口　因为　比　很有意思　生动有趣　测验)

1) 你每天_____上学？你们每天_____开始上课？

2) 你每天_____去还是_____去呢?

3) 天气好的话,我更喜欢_____去上学。

4) 出门后_____,过两个_____就到了。

5) 我可以_____学校很多_____的课外活动。

6) 说实话,我对数学和物理_____。

7) 英语和历史不是我的_____。

8) 可是我_____我的数学老师，_____他课上得_____。

9) 他总是教我们怎么用新的方法去_____。

10) 我们班上男生_____女生多。

11) 差不多每周都有_____，期中有期中考试，期末有期末考试。

练习三 (Exercise 3)
根据拼音写词语

Write these words in Chinese according to pinyin.

cānjiā　　　　　　shízìlùkǒu　　　　　　nǎménkè

_____　　　_____　　　_____

kèwàihuódòng　　　　　　kǎoshì

_____　　　　　　_____

shíhǎoshíhuài　　　　　　Yīngyǔ hé Lìshǐ

_____　　　　　　_____

tǐng xǐ·huan　　　　　　qiángxiàng

_____　　　　　　_____

练习四 (Exercise 4)
词语拼音配对

Match these Chinese words and phrases with pinyin.

十字路口　　　　　　　　　　　shēngdòngyǒuqù

往右拐　　　　　　　　　　　　mǎlùduìguò

往左拐　　　　　　　　　　　　wǎngzuǒguǎi

很简单　　　　　　　　　　　　qīzhōng kǎoshì

期末考试　　　　　　　　　　　hěnyǒuyìsi

数学老师　　　　　　　　　　　xìngqùxiǎozǔ

生动有趣　　　　　　　　　　　qīmòkǎoshì

兴趣小组　　　　　　　　　　　hěnjiǎndān

很有意思　　　　　　　　　　　wǎngyòuguǎi

马路对过　　　　　　　　　　　shùxuélǎoshī

期中考试　　　　　　　　　　　shízì lùkǒu

练习五 (Exercise 5)

词语搭配 Match the words and phrases on the left with those on the right.

你每天怎么	还是自己开车去
我家离	十来分钟
坐车去	过马路
往前走过	去学校
走着去也不过	学校不远
在邮局门口	一题多解
学校有很多很有意思的	时好时坏
我对数学和物理	两个十字路口
教我们怎么用新方法	数学老师
我的成绩	课外活动
我更喜欢我的	很感兴趣

练习六 (Exercise 6)
学习交通、方向词汇

Additional Vocabulary List: Transportation and Direction

shēngcí 生词 (New Words)	pīnyīn 拼音 (Phonetic Alphabets)	Yīngyǔ 英语 (English)
直走	zhízǒu	go straight
向右转	xiàngyòuzhuǎn	turn right
向左转	xiàngzuǒzhuǎn	turn left
角落	jiǎoluò	corner
街区	jiēqū	block
停车标记	tíngchē biāojì	stop sign
禁止停车	jìnzhǐ tíngchē	no parking
学生过马路	xuéshēng guòmǎlù	school crossing
残疾人专用停车位	cánjírén zhuānyòng tíngchēwèi	handicap parking
死胡同	sǐhútòng	dead end
只能右转	zhǐnéng yòuzhuǎn	right turn only
只能左转	zhǐnéng zuǒzhuǎn	left turn only
限速	xiànsù	speed limit
单向	dānxiàng	one-way
不可进入	bùkě jìnrù	do not enter
调头	diàotóu	U-turn
让道	ràngdào	yield

练习七 (Exercise 7)
根据下列词语编排句子

Rearrange the following words and phrases into sentences.

1) 你 学校 去 每天 怎么

2) 他 新方法 我们 一题多解 教 用 怎么

3) 上得 他课 生动有趣

4) 去学校 你是 坐车 去学校 还是 走着

5) 过马路 你 门口 可以在 邮局

6) 差不多 测验 我们 每周 都有

7) 都有 每门课 讲义和练习 很多 每天

8) 比女生多 我们 男生 班上

练习八 (Exercise 8)
找词

Circle the phrases according to what you hear from the teacher.

开车的话十分钟就到了

练习和讲义

你每天怎么去学校

往前走过三个十字路口就到了

你走着去还是坐车去

去学校的图书馆怎么走　　　历史不是我的强项

我们的数学课特别有意思

练习九 (Exercise 9)
选词造句

Choose words from the following box to make sentences.

数学	课	去	坐车	前	还是	过	十字路口
觉得	个	很	有意思	几	我们	点	下课	一
邮局	你	分钟	周	每天	往	上学	三	门口
走着	次	马路	五	测验	就	到了	不	强项

1)

2)

3)

4)

5)

练习十 (Exercise 10)

中译英

Translate the following sentences into English.

1) 你每天几点上学，几点放学？

2) 去图书馆怎么走？

往前走，过两个十字路口再往左拐，图书馆就在马路的对面。

3) 你每天怎么去学校？是走着去还是坐校车去？

4) 英语和历史不是我的强项，可是数学和物理是我的强项。

5) 邮局吗？就在那儿，看到了吗？就在图书馆的对面。

6) 我们学校有很多有意思的课外活动，我都可以参加。

7) 过两个十字路口，再走五分钟就到了。

8) 我每天八点在家门口等校车，坐校车去学校。我们每天八点三刻开始上课。上午上三节课，中午十二点去学校的自助餐厅吃午饭，下午有两节课，三点半放学。

练习十一 (Exercise 11)
英译中

Translate the following sentences into Chinese.

1) How do you get to school?

2) Do you like your school?

3) What time does class start?

4) What time do you get out of school?

5) How many students are there in your class?

6) What is your favorite subject at school?

7) Do you get a lot of homework everyday?

8) How often do you have tests or exams?

9) Is math your strongest subject?

10) What extra-curricular activities do you have at school?

第七课生词表 (Lesson Seven New Words and Expressions)

shēngcí 生词 (New Words)	pīnyīn 拼音 (Phonetic Alphabets)	Yīngyǔ 英语 (English)
生日	shēngrì	birthday
再过一个星期	zàiguò yīgè xīngqī	after another week
等不及	děng bùjí	cannot wait
生日礼物	shēngrì lǐwù	birthday gift
奶白色的	nǎibáisède	cream
新手机	xīnshǒujī	new cellular phone
可以	kěyǐ	can
用手机	yòng shǒujī	use a cellular phone
给小朋友们	gěi xiǎopéngyǒumen	to young friends
打电话	dǎ diànhuà	make a phone call
拍照	pāizhào	take photos
写短信	xiě duǎnxìn	write text messages
收短信	shōu duǎnxìn	receive text messages
发短信	fā duǎnxìn	send text messages
听音乐	tīng yīnyuè	listen to music
玩游戏	wán yóuxì	play games
拍录像	pāi lùxiàng	shoot videos
可做的事太多了	kězuòdeshì tài duōle	lot of things that can be done
真幸运	zhēn xìngyùn	really lucky

第七课
Clara 的生日

再过一个星期，Clara就十二岁啦。下星期天是她的生日，她等不及，打开妈妈给她买好的

生日礼物，哇！是一个奶白色的新手机—iPhone。

现在，Clara可以用手机给小朋友们打电话，用手机拍照、写短信、收短信、发短信、听音乐、玩游戏、拍录像。她用手机可做的事太多了。真幸运！

ALBUMS

Friends   Places

Art   Summer vacation

TEXT: HAPPY B-DAY!!! xoxo

MISSED CALL

Clara现在在Scarsdale小学上四年级。今天放学后,她用自己的新手机给她的好朋友Robyn打了第一个电话,请她下星期来参加自己的生日会。

怎么说? How do you say it in Chinese?

"I did something, and I want to do it again. How do you say it in Chinese?"

In Chinese, the word "再" is used to express this idea.

a. "你去过了还可以<u>再</u>去。"

b. "你看过了还可以<u>再</u>看。"

c. "你回中国后,我还可能<u>再</u>见到你吗?"

d. "你要是<u>再</u>玩游戏机,我就不让你去看电影。"

"I am always confused by the word '给.' Sometimes it means 'to give', sometimes it means 'to someone', and sometimes 'for someone'. How do you use this word?"

"给" can be a verb or a preposition. When used as a verb, it means "to give". When used as a preposition, it means "to" or "for." When used as a preposition, the sentence has a direct object and an indirect object. The object right after "给" is the indirect object.

a) "我昨天给了你两张电影票。" (verb)

b) "妈妈从来没给过我钱。" (verb)

c) "妹妹今天下午给爷爷写了一封信。" (preposition)

d) "你到家后<u>给</u>我打一个电话。" (preposition)

练习一 (Exercise 1)

回答问题 Answer the following questions in Chinese.

1) Clara的生日是什么时候?
2) 再过一个星期,Clara多大了?
3) Clara的妈妈给Clara买了什么礼物?

4) 礼物是什么颜色的?

5) Clara用手机可以做什么?

6) Clara现在在哪个学校上学? 她上几年级?

7) Clara什么时候打电话给她的朋友Robyn?

8) Clara为什么要打电话给Robyn?

9) Clara用什么打电话给她的好朋友?

10) 如果你想请你的朋友来参加生日会,你该怎么说?

练习二 (Exercise 2)
从括弧中选词填空

Fill in the blanks using the words or phrases in parentheses.

(写 现在 再 给 打开 后 用 拍 下 等不及 可做的 生日 参加 拍照 奶白色的 发)

1) Clara的妈妈给她买了一个_____手机。

2) Clara_____妈妈给她买的生日礼物。

3) 今天放学_____, Clara_____她的好朋友用手机打了第一个电话。

4) _____过一个星期，Clara就十二岁啦。

5) Clara_____可以用手机_____小朋友们打电话。

6) Clara_____，打开妈妈_____她买好的生日礼物。

7) _____星期天是Clara的_____。

8) _____手机_____短信，用手机_____，用手机_____录相。

9) 用手机_____事太多了。

10) 她请Robyn下星期来_____自己的生日会。

练习三 (Exercise 3)
根据拼音写词语

Write these words in Chinese according to pinyin.

fāduǎnxìn

_____

tīngyīnyuè

_____

pāizhào

_____

zhēnxìngyùn

_____

děngbùjí

_____

xīnshǒujī

_____

练习四 (Exercise 4)
词语拼音配对

Match these Chinese words and phrases with pinyin.

发短信	xiěduǎnxìn
拍照	tīngyīnyuè
生日礼物	dǎdiànhuà
打电话	kězuòde shì tài duōle
奶白色的新手机	zhēn xìngyùn
可做的事太多了	pāilùxiàng
玩游戏	pāizhào
拍录像	wányóuxì
写短信	shēngrì lǐwù
真幸运	nǎibáisède xīnshǒujī
听音乐	fāduǎnxìn

练习五 (Exercise 5)

词语搭配 Match the words and phrases on the left with those on the right.

拍	一个星期
真	电话
再过	音乐
玩	生日礼物
一个奶白色的	生日会
打开	礼物
写	新手机
听	录像
打	游戏机
买	幸运
参加	短信

练习六 (Exercise 6)
学习时间词汇

Additional Vocabulary List: Time

shēngcí 生 词 (New Words)	pīnyīn 拼 音 (Phonetic Alphabets)	Yīngyǔ 英 语 (English)
早晨	zǎochén	early morning
上午	shàngwǔ	morning
中午	zhōngwǔ	noon
下午	xiàwǔ	afternoon
晚上	wǎn·shang	night
半夜	bànyè	midnight
上半夜	shàngbànyè	before midnight
下半夜	xiàbànyè	after midnight
早	zǎo	early
晚	wǎn	late
小时	xiǎoshí	hour
钟头	zhōngtóu	hour
分	fēn	minute
秒	miǎo	second
一个小时	yīgèxiǎoshí	an hour
一个钟头	yīgèzhōngtóu	an hour
三个半小时	sāngèbànxiǎoshí	three and half hours
三点	sāndiǎn	three o'clock

一点零五分	yīdiǎn líng wǔfēn	one o five
十二点五十五分	shí'èrdiǎn wǔshíwǔfēn	twelve fifty-five
一点差五分	yīdiǎnchāwǔfēn	five to one
四点一刻	sìdiǎnyīkè	four fifteen
八点三刻	bādiǎn sānkè	eight forty-five
今天上午	jīntiān shàngwǔ	this morning
今天上午十点	jīntiān shàngwǔshídiǎn	ten o'clock this morning
明天下午三点十分	míngtiān xiàwǔ sāndiǎnshífēn	three ten tomorrow afternoon
这个星期三上午十点	zhège xīngqísān shàngwǔshí diǎn	ten o'clock this Wednesday morning
下个星期三晚上八点半	xiàgè xīngqísān wǎn·shang bādiǎnbàn	eight thirty next Wednesday night
上个星期五早上七点	shànggè xīngqíwǔ zǎo·shang qīdiǎn	seven o'clock last Friday morning
准时	zhǔnshí	on time

练习七 (Exercise 7)
根据下列词语编排句子

Rearrange the following words and phrases into sentences.

1) 星期 再 一个 就是 过 我的生日

2) 十点 给 昨天晚上 朋友 我 打电话

3) 买 妹妹 给 妈妈 我 生日礼物

4) Scarsdale小学　现在　我　在　上学

5) 用手机　我　打电话　可以　给小朋友　　现在

6) 妈妈　妹妹　给　买　我　生日礼物　和

7) Clara　小学　在Scarsdale　上四年级　现在

练习八 (Exercise 8)
找词

Circle the phrases according to what you hear from the teacher.

生日礼物　　拍录像　拍照

我十岁啦　玩游戏

下星期是我妹妹的生日　发短信　写短信

是一个奶白色的新手机

妈妈给弟弟买了一个生日礼物

给她的好朋友打了一个电话

今天放学后　　她用自己的新手机

练习九 (Exercise 9)
选词造句

Choose words from the following box to make sentences.

星期	写	朋友	个	参加	用	生日会	要	发			
短信	我	今天	过	的	手机	是	奶白色	一			
就	可以	收	等	不及	做	的	事	真	幸运	多	

1)

2)

3)

4)

5)

练习十 (Exercise 10)
中译英

Translate the following sentences into English.

1) 再过一个星期,我就十岁啦。

2) 昨天下午,我打电话给我的好朋友Robyn, 我告诉她,下个星期天是我的生日。

3) 现在可以用手机给小朋友打电话了。

4) 我给妹妹买了一个手机。

5) 妈妈星期天上午给我十块钱。

练习十一 (Exercise 11)
英译中

Translate the following sentences into Chinese.

1) It is my birthday next Sunday.

2) My mom bought me a new cell phone as a birthday gift last Sunday.

3) Now I can call my friends using my new cell phone.

4) I am so lucky! Now I can use my new cell phone to text my friends.

5) You read this book last week, and you want to read it again?

第八课生词表 (Lesson Eight New Words and Expressions)

shēngcí 生 词 (New Words)	pīnyīn 拼 音 (Phonetic Alphabets)	Yīngyǔ 英 语 (English)
从早到晚	cóngzǎo dàowǎn	from morning till night
一直很忙	yīzhí hěnmáng	have/has been busy
有空	yǒukòng	have some free time
聊天	liáotiān	chat
终于	zhōngyú	finally
遇上	yùshàng	meet, encounter
长周末	chángzhōumò	long weekend
后院	hòuyuàn	backyard
坐在我的对面	zuòzài wǒde duìmiàn	sit across from me
聊起天来	liáoqǐtiānlái	begin to chat
从费城搬来	cóng Fèichéng bānlái	moved here from Philadelphia
顾不上	gùbùshàng	cannot manage to
一切	yīqiè	all
适应	shìyìng	adapt
交了几个好朋友	jiāole jǐgè hǎopéng·you	made several good friends
和我一般大	hé wǒ yībān dà	same age as mine
(Sam) 住在哪儿?	(Sam) zhùzài nǎ'er?	Where does (Sam) live?
往左/右拐	wàng zuǒ/yòu guǎi	turn left / right
第一个红绿灯	dì yígè hónglǜdēng	the first traffic light
图书馆	túshūguǎn	library
红砖房	hóng zhuānfáng	red brick house

长得怎么样?	zhǎngde zěnmeyàng?	What does...look like?
很高	hěngāo	very tall
黑色的卷发	hēisède juǎn fà	black curly hair
蓝眼睛	lán yǎnjīng	blue eyes
平时	píngshí	usually
喜欢穿红的T-恤衫	xǐ·huan chuān hóngde T-xùshān	like to wear red T-shirt
你们在一起时	nǐ·men zài yīqǐ shí	when you are together
踢足球	tī zúqiú	play soccer
打篮球	dǎ lánqiú	play basketball
玩电子游戏	wán diànzǐ yóuxì	play video games
聪明	cōng·ming	smart
谈得来	tándelái	get along well
友好	yǒuhǎo	friendly
喜欢帮助别人	xǐ·huan bāngzhù bié·ren	like to help others
在很多事情上	zài hěnduō shìqíng shàng	on many issues
想法一致	xiǎngfǎ yīzhì	agree with each other
学习成绩	xuéxí chéngjì	academic performance
校足球队	xiào zúqiú duì	varsity soccer team
笑得很开心	xiào de hěn kāixīn	laugh heartily

第八课
我的好朋友Sam

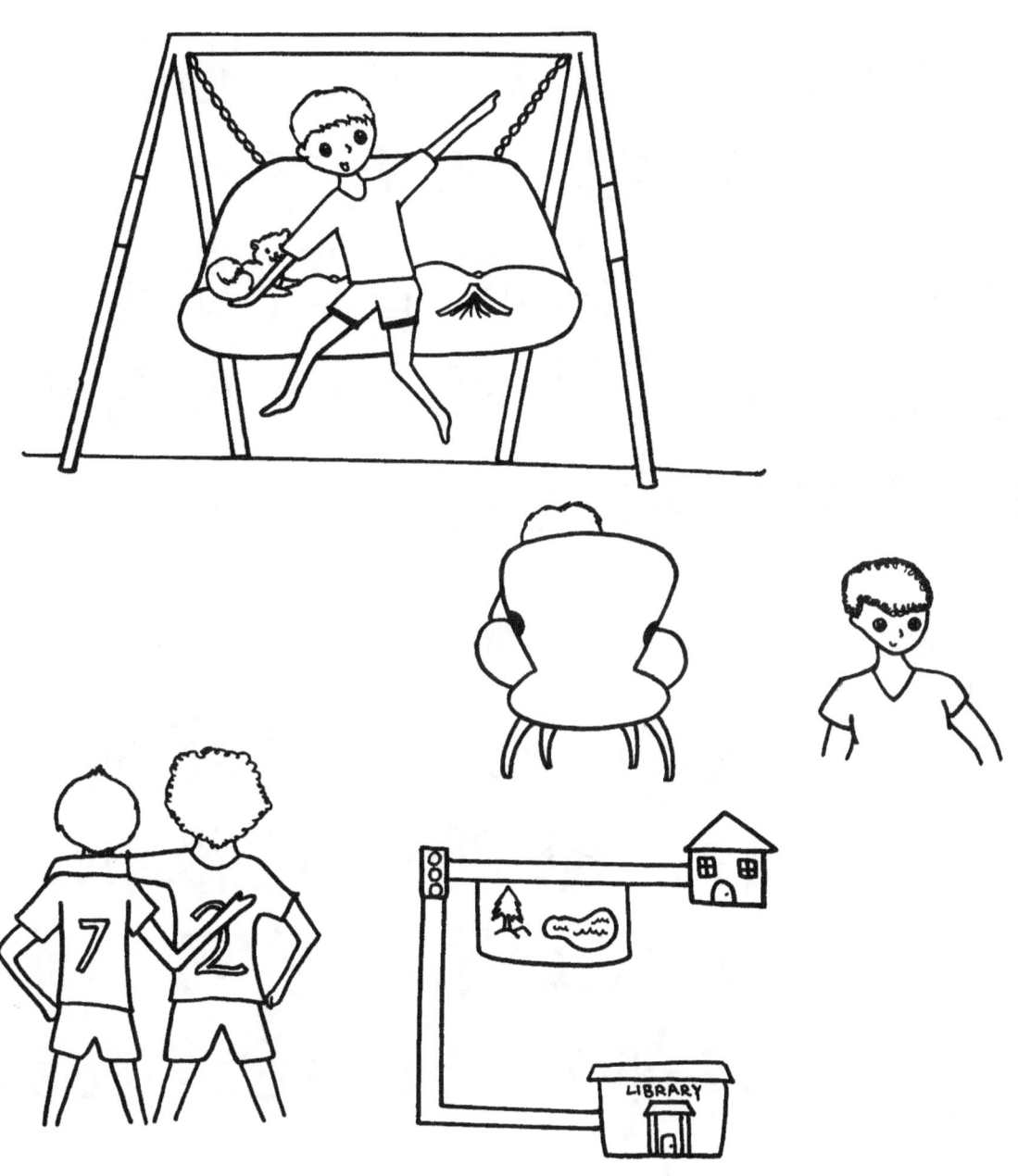

Alex从费城搬到Scarsdale快两个月了,可是爸爸一直很忙,从早到晚给病人看病,很少有空和Alex聊天。终于,他们遇上一个长周末。那天下午,天气很好,Alex坐在后院看书,爸爸走过来,坐在Alex的对面,和他慢慢地聊起天来。

爸爸:　我们一家从费城搬来后,爸爸一直很忙,也顾不上你的学习,你一切都好吗?还适应新学校吗?

Alex: 都很好。很适应。

爸爸: 你能和我聊聊你的朋友吗?

Alex: 来了快两个月了,我交了几个好朋友。可是我最好的朋友是Sam。

爸爸: Sam多大了?

Alex: 十四岁,和我一般大,我们都上九年级。

爸爸: Sam 住在哪儿?

Alex: 离这儿不远,在图书馆后面的Brewster 路上。出了图书馆,往右拐,看到第一个红绿灯,再往右拐,Sam 家就是右边第一座红砖房。

爸爸: Sam 长得怎么样?

Alex: Sam长得很高,一头黑色的卷发,蓝眼睛。

爸爸: Sam平时爱穿什么衣服?

Alex: 他喜欢穿红的Polo T—恤衫。

爸爸: 你们在一起时，常常做些什么呢？

Alex: 我们常常一起踢足球、打篮球、玩电子游戏、看电视。

爸爸: 你为什么喜欢Sam？

Alex: 他人很好，很聪明，我们很谈得来；Sam很友好，喜欢帮助别人。在很多事情上，我们的想法一致。我们两个的学习成绩都很好，我们都是校足球队的。我们在一起的时候常常笑得很开心。

爸爸：太好了！交上一个好朋友，对你将来很重要。谢谢你告诉我这些。

怎么说? How do you say it in Chinese?

1) "What does your friend look like?"

In Chinese you may say "你的朋友长得怎么样？"

You may answer it by saying "她长得...... (then select one from the following list)."

    a. 很年轻   (hěn niánqīng — very young)

    b. 很老   (hěn lǎo — old)

    c. 很逗   (hěn dòu — cute)

    d. 很漂亮   (hěn piào·liang — very beautiful)

    e. 一般   (yībān — average looking)

    f. 很有吸引力   (hěn yǒu xīyǐn lì — very attractive)

    g. 高   (gāo — tall)

    h. 矮   (ǎi — short)

    i. 很瘦   (hěn shòu — very thin/slim)

j. 很胖   (hěn pàng — fat)

k. 很壮   (hěn zhuàng — very strong)

2) "Where does your friend live?"

In Chinese you may say "你朋友住在哪儿？" You may answer it by saying "他住在…… (then select one from the following list)."

a. 邮局附近   (yóujú fùjìn — near the post office)

b. 图书馆旁边   (túshūguǎn pángbiān — next to the library)

c. 火车站左边   (huǒchē zhàn zuǒ·bian — on the left side of the train station)

d. 游泳池右边   (yóuyǒngchí yòu·bian — on the right side of the swimming pool)

e. 大楼里边 (dàlóu lǐ·bian — inside the building)

f. 图书馆前面 (túshūguǎn qiánmiàn — in front of the school)

g. 学校后面 (xuéxiào hòumiàn — behind the library)

h. 超市对面 (chāoshì duìmiàn — across from the supermarket)

练习一 (Exercise 1)

回答问题 Answer the following questions in Chinese.

1) 你们家从费城搬到Scarsdale几个月了?

2) 你爸爸为什么没有时间和你聊天？

3) 你来到新学校后还适应吗？

4) 你能不能和我聊聊你的朋友？

5) 你最好的朋友叫什么？他多大了？

6) Sam家在哪儿？

7) Sam长得怎么样？

8) Sam平时喜欢穿什么衣服？

9) 你和Sam在一起时常常做些什么呢？

10) 你为什么喜欢Sam?

练习二 (Exercise 2)

从括弧中选词填空

Fill in the blanks using the words or phrases in parentheses.

(顾不上 到 出了 适应 过来 常常 怎么样 从 一直 交了 爱穿 往 谈得来 很开心 拐)

1) 我们家_____费城搬_____Scarsdale快两个月了。

2) 可是爸爸_____很忙。

3) 爸爸走_____，坐在我的对面。

4) 爸爸一直很忙，也_____你的学习。你还_____新的学校吗？

5) 来了快两个月了，我_____几个好朋友。

6) _____图书馆，_____右拐，看到第一个红绿灯，再往右_____。

7) Sam 长得_____？

8) 他平时_____什么衣服?

9) 你们在一起时_____做些什么呢?

10) 他人很好,很聪明,我们很_____。

11) 我们在一起的时候常常笑得_____。

练习三 (Exercise 3)
根据拼音写词语

Write these words in Chinese according to pinyin.

tándelái

chángzhōumò

_____

_____

cóngzǎodàowǎn

hěngāo

_____

_____

yīzhíhěnmáng

túshūguǎn

_____

_____

练习四 (Exercise 4)
词语拼音配对

Match these Chinese words and phrases with pinyin.

长得怎么样　　　　　　　　jiāolejǐgèhǎopéng·you

踢足球　　　　　　　　　　xiàodehěnkāixīn

一头黑色的卷发　　　　　　xiǎngfǎyīzhì

喜欢帮助别人　　　　　　　zhǎngdezěnmeyàng

打篮球　　　　　　　　　　xǐhuanbāngzhùbiérén

坐在我的对面　　　　　　　yītóuhēisèdejuǎnfà

笑得很开心　　　　　　　　gùbùshàng

玩电子游戏　　　　　　　　zuòzài wǒde duìmiàn

顾不上　　　　　　　　　　tī zúqiú

交了几个好朋友　　　　　　wán diànzǐ yóuxì

想法一致　　　　　　　　　dǎ lánqiú

练习五 (Exercise 5)

词语搭配 Match the words and phrases on the left with those on the right.

长得　　　　　　　　　　　　　　　　对面

从费城　　　　　　　　　　　　　　　聊起天来

坐在我的　　　　　　　　　　　　　　新的学校

很少有空　　　　　　　　　　　就在邮局的旁边

适应　　　　　　　　　　　　　　　　后面

交了　　　　　　　　　往右拐，过一个路口就到

在图书馆的　　　　　　　　　　　　　搬来

和我慢慢地　　　　　　　　　　　　和我聊天

去图书馆怎么走　　　　　　　　　　　很高

你的学校在哪儿　　　　　　　　　几个好朋友

六点半了　　　　　　　　　　　　我们该走了

练习六 (Exercise 6)
学习时间语

Additional Vocabulary List: Time

shēngcí 生词 (New Words)	pīnyīn 拼音 (Phonetic Alphabets)	Yīngyǔ 英语 (English)
年	nián	year
2012年	2012 nián	year 2012
前年	qiánnián	the year before last
去年	qùnián	last year
今年	jīnnián	this year
明年	míngnián	next year
后年	hòunián	the year after next
月	yuè	month
一月	Yīyuè	January
二月	Èryuè	February
三月	Sānyuè	March
四月	Sìyuè	April
五月	Wǔyuè	May
六月	Liùyuè	June
七月	Qīyuè	July
八月	Bāyuè	August
九月	Jiǔyuè	September
十月	Shíyuè	October
十一月	Shíyīyuè	November
十二月	Shí'èryuè	December
天	tiān	day
前天	qiántiān	the day before yesterday

昨天	zuótiān	yesterday
今天	jīntiān	today
明天	míngtiān	tomorrow
后天	hòutiān	the day after tomorrow
一号	yīhào	day 1
二号	èrhào	day 2
三号	sānhào	day 3
四号	sìhào	day 4
五号	wǔhào	day 5
星期一	Xīngqīyī	Monday
星期二	Xīngqī'èr	Tuesday
星期三	Xīngqīsān	Wednesday
星期四	Xīngqīsì	Thursday
星期五	Xīngqīwǔ	Friday
星期六	Xīngqīliù	Saturday
星期天	Xīngqītiān	Sunday
礼拜一	Lǐbàiyī	Monday
礼拜二	Lǐbài'èr	Tuesday
礼拜三	Lǐbàisān	Wednesday
礼拜四	Lǐbàisì	Thursday
礼拜五	Lǐbàiwǔ	Friday
礼拜六	Lǐbàiliù	Saturday
礼拜天	Lǐbàitiān	Sunday

练习七 (Exercise 7)
根据下列词语编排句子

Rearrange the following words and phrases into sentences.

1) 好朋友   快两个月了   几个   我交了

2) 爸爸 我的对面 走过来 坐在

3) 给　买了　妹妹　生日　我　礼物　妈妈

4) 看病人　从早到晚　爸爸

5) 你　新的　适应　学校吗　还

6) 聊天　很少　爸爸　有空　和我

7) 离这儿　Sam的家　不太远

练习八 (Exercise 8)
找词

Circle the phrases according to what you hear from the teacher.

我们家从费城搬到纽约快两个月了

我交了几个好朋友　很适应

天气很好　很少有空和我聊天

　　是一个　坐在我的对面　和我一般大

还适应新的学校吗　　终于

　和我慢慢地聊起天来　　离这儿不远

往右拐，看到第一个红绿灯，再往右拐

练习九 （Exercise 9）
选词造句

Choose words from the following box to make sentences.

```
红绿灯 路 交 了 真 朋友 面 你 和 聊天
快 的 吗 打球 是 多 一切 就 发 我 能 聊
两个月 好 很 都 图书馆 几个 幸运 家
```

1)

2)

3)

4)

5)

练习十 (Exercise 10)

中译英

Translate the following sentences into English.

1) 我们都上九年级。

2) Sam 家离这儿不远，在图书馆后面的 Brewster 路上。

3) 出了图书馆，往右拐，看到第一个红绿灯，再往右拐，Sam 家就是右边第一座红砖房。

4) Sam长得很高，一头黑色的卷发，蓝眼睛。

练习十一 (Exercise 11)
英译中

Translate the following sentences into Chinese.

1) What does Sam look like?

2) Sam is very tall. He has black hair and blue eyes.

3) How old is Sam?

4) Why do you like Sam?

5) Can you talk about your friend Sam?

6) It is a beautiful day today.

7) When we are together, we laugh a lot.

8) What does Sam usually like to wear?

第九课生词表 (Lesson Nine New Words and Expressions)

shēngcí 生 词 (New Words)	pīnyīn 拼 音 (Phonetic Alphabets)	Yīngyǔ 英 语 (English)
遛狗	liù gǒu	walk the dog
舅舅	jiù·jiu	uncle
拉布拉多猎犬	Lābùlāduōlièquǎn	Labrador Retriever
刚生下时	gāng shēng xià shí	when...was born
得了一种病	dé le yī zhǒng bìng	suffered from an illness
差点死去	chà diǎn sǐ qù	almost died
大冬天	dàdōngtiān	cold winter
从大街上	cóng dàjiēshàng	from the street
抱回家	bào huí jiā	carry somebody home
请了兽医	qǐng le shòuyī	called for a veterinarian
把她救活的	bǎ tā jiù huó de	saved her life
门铃声	mén língshēng	the door bell rings
跳了起来	tiào·le qǐ·lai	jump up
拴上狗链	shuānshàngǒuliàn	put on leash
往......直扑	wǎng......zhípū	pounce on
滑梯	huátī	slide
爬了上去	pá·le shàng·qu	climbed up
滑了下来	huá·le xià·lai	slid down
一头......另一头	yītóu......lìng yītóu	one end, the other end
跷跷板	qiāoqiāobǎn	seesaw
互相追着玩	hùxiāng zhuī zhe wán	chase each other
玩累了	wán lèi·le	tired out
趴在地上	pā zài dì·shang	lie on one's stomach

第九课
遛狗

舅舅的狗叫Jenny，是一只黑的拉布拉多猎犬。舅舅说她刚生下时，得了一种病，差点死去。是舅舅大冬天把她从大街上抱回家后，请了兽医来家里把她救活的,所以她跟舅舅特别的亲。

听到门铃声，Jenny兴奋地从窝里跳了起来，摇着尾巴边叫边朝房门走去。舅舅打开门，先给Jenny拴上狗链，说了声"嘿，Jenny，咱们上公园去。"Jenny兴奋地往舅舅的身上直扑。

公园里的狗可真多！Jenny 最喜欢跟小朋友玩。小朋友上滑梯，她也跟着爬了上去；小朋友下滑梯，Jenny 也跟着滑了下来。

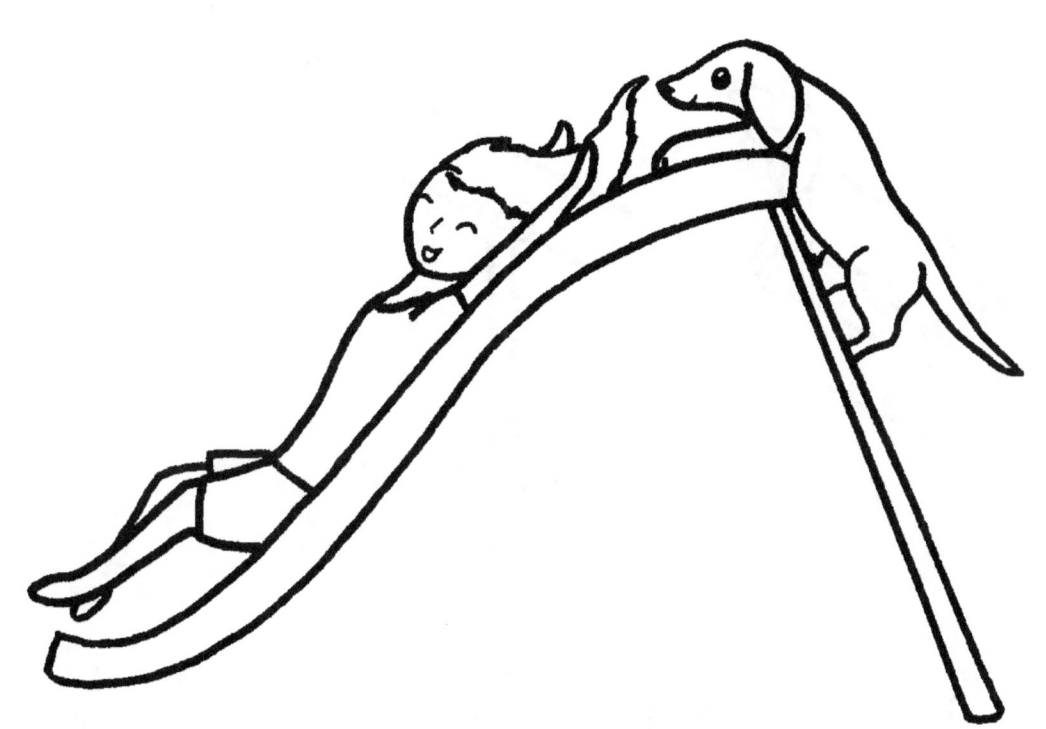

玩了一会儿，Jenny又去玩跷跷板。她坐在跷跷板一头，另一只小狗坐在另一头，一上一下跷着玩。

玩完了，Jenny和别的狗在草地上互相追着玩，直到玩

累了,她一动不动地趴在了舅舅的身边,让舅舅带着她回家。

Jenny 玩得真开心。

怎么说？ How do you say it in Chinese?

1) "when someone comes", "while I am sleeping", "while we are eating"

"(有)人来的时候"

"我在睡觉的时候"

"我们在吃饭的时候"

"I was reading a book when the telephone rang."

"我在看书的时候，电话铃响了。"

"Someone was knocking at the door while I was sleeping."

"我睡觉的时候(我睡觉时)，有人在敲门。"

"On the way to New York, I ran into my teacher Mr. Wilson on the bus."

"我去纽约<u>时</u>，在车上碰到了我的老师Wilson先生。"

"The cat sat down beside me while I was watching TV."

"我在看电视的<u>时候</u>，猫咪坐到了我身边。"

2) "I am walking towards him", "My sister is walking towards to me", or "I walked out of /came in Starbucks"

Chinese uses a directional complement "过去" and "过来" after the verb. If you are walking towards somebody, you use "走过去"; if somebody is walking towards you, you use "走过来". If you want to say someone "walked out of" some place, you use "走出去"; and vice versa, "走进来".

"He walked out of the book store."

"他从书店<u>走了出去</u>。"

"I saw John coming into Starbucks last night while I was drinking coffee there."

"昨天晚上，我在Starbucks喝咖啡时，看到John从外面<u>走了进来</u>。"

"He opened the door and ran towards me."

"他打开门，向我<u>跑了过来</u>。"

练习一 (Exercise 1)

回答问题 Answer the following questions in Chinese.

1) 舅舅的狗叫什么？她是一只什么狗？

2) 舅舅为什么请兽医来家里？

3) Jenny 为什么跟舅舅特别的亲？

4) Jenny 听到门铃响后怎么样？

5) Jenny 最喜欢跟谁一起玩，为什么？

6) Jenny 怎么玩跷跷板？

7) Jenny 什么时候会趴在地上？

8) 你喜欢Jenny吗？为什么？

练习二 (Exercise 2)

从括弧中选词填空

Fill in the blanks using the words or phrases in parentheses.

(爬了上去 抱回 走去 拴上 请 打电话 兴奋地 打开门 最喜欢 另一头 跳了起来 另一只)

1) Jenny _____ 往舅舅身上直扑。

2) Jenny 听到铃声兴奋地从窝里 _____，边叫边朝着房门跑了过去。

3) 舅舅＿＿＿＿＿＿，先给Jenny＿＿＿＿＿＿狗链。

4) Jenny＿＿＿＿＿＿跟小朋友玩。

5) 舅舅回家后＿＿＿＿＿＿给兽医，＿＿＿＿＿＿他马上来家里，因为Jenny病了。

6) Jenny是舅舅大冬天把她从大街上＿＿＿＿＿＿家的。

7) 小朋友上滑梯，Jenny也跟着＿＿＿＿＿＿；小朋友下滑梯，她＿＿＿＿＿＿滑了下来。

8) 她坐在跷跷板一头，＿＿＿＿＿＿

小狗坐在_____，一上一下着玩。

练习三 (Exercise 3)
根据拼音写词语
Write these words in Chinese according to pinyin.

huálexià·lai   qǐngleshòuyī

_____   _____

páleshàng·qu   dàdōngtiān

_____   _____

练习四 (Exercise 4)
词语拼音配对

Match these Chinese words and phrases with pinyin.

得了一种病	huálexià·lai
刚生下时	gēnjiù·jiutèbiéqīn
跟舅舅特别亲	páleshàng·qu
摇着尾巴	yīshàngyīxià
往舅舅身上扑	wǎngjiù·jiushēn·shangpū
爬了上去	zuòzàilìngyītóu
滑了下来	qùwánqiāoqiāobǎn
去玩跷跷板	bǎtājiùhuó
坐在另一头	déleyīzhǒngbìng
一上一下	yáozhewěi·ba
把她救活	gāng shēng xià shí

练习五 (Exercise 5)

词语搭配 Match the words and phrases on the left with those on the right.

请了兽医来家里　　　　　　　　从窝里跳了起来

Jenny兴奋地　　　　　　　　　黑的拉布拉多猎犬

Jenny 最喜欢　　　　　　　　她一动不动地趴在地上

Jenny坐在一头　　　　　　　　真开心

小朋友上滑梯　　　　　　　　把她救活

Jenny 玩得　　　　　　　　　跷着跷跷板

玩累了　　　　　　　　　　　互相追着玩

一上一下地　　　　　　　　　在草地上互相追着玩

Jenny是一只　　　　　　　　她也跟着爬了上去

一群狗在草地上　　　　　　　跟小朋友玩

Jenny和别的狗　　　　　　　小狗坐在另一头

练习六 (Exercise 6)
学习公园和其它娱乐地点词汇

Additional Vocabulary List: Recreational Parks and Attractions

shēngcí 生 词 (New Words)	pīnyīn 拼音 (Phonetic Alphabets)	Yīngyǔ 英 语 (English)
长椅	cháng yǐ	bench
自行车	zìxíngchē	bicycle/bike
自行车道	zìxíngchēdào	bike path
攀缘架	pānyuán jià	climbing frame
骑车人	qíchērén	cyclist
池塘	chítáng	pond
跳绳	tiàoshéng	jump rope
公园	gōngyuán	park
野餐桌	yěcānzhuō	picnic table
操场	cāochǎng	playground
沙池	shāchí	sandbox
滑梯	huátī	slide
足球场	zúqiúchǎng	soccer field
秋千	qiūqiān	swings
网球场	wǎngqiúchǎng	tennis court
三轮车	sānlúnchē	tricycle
喷泉	pēnquán	fountain
游乐园	yóulèyuán	amusement park
艺术博物馆	yìshùbówùguǎn	art museum
植物园	zhíwùyuán	botanical garden
爬杆	págān	climbing bars
温室	wēnshì	greenhouse

画	huà	painting
野餐	yěcān	picnic/have a picnic
拉行李	lā xínglǐ	pull the luggage
木偶剧	mù'ǒujù	puppet show
推秋千	tuīqiūqiān	push the swing
屏幕	píngmù	screen
雕塑	diāosù	sculpture
座位	zuòwèi	seat
电影	diànyǐng	movie
动物园	dòngwùyuán	zoo
动物管理员	dòngwùguǎnlǐyuán	zookeeper

练习七 (Exercise 7)
根据下列词语编排句子

Rearrange the following into sentences.

1) Jenny　互相　和别的狗　追着　玩

2) Jenny　黑的　是一只　拉布拉多猎犬

3) 她也跟着　小朋友　爬了上去　上滑梯

4) 把她　大冬天　从大街上　是舅舅　抱回家的

5) 互相追着　他们　玩　在草地上

6) 小狗　跷跷板一头　另一头　她坐在　另一只　坐在

7) 兴奋地　听到 Jenny　从窝里　跳了起来　门铃声

8) 刚生下时　舅舅说　得了　她　差点死去　一种病

练习八 (Exercise 8)
找词

Circle the phrases according to what you hear from the teacher.

晚上遛狗很有意思

舅舅最喜欢和他的狗玩

听到门铃声响后

她兴奋地往舅舅的身上直扑

所以她跟舅舅特别的亲

兴奋地从窝里跳了起来　一只黑的拉布拉多猎犬

咱们上公园去　请了兽医来家里把她救活的

把她从大街上抱回家

练习九 (Exercise 9)
选词造句

Choose words from the following box to make sentences.

遛狗 跳 了 医生 把 扑 玩 跷跷板 你 请 跟着 的 兴奋地 亲 意思 最 特别 了 是 喜欢 有 很 小 很 朋友 玩 窝里 往 身上 舅舅 直 滑梯 也 起来 从 爬 了 她 上去

1)

2)

3)

4)

5)

练习十 (Exercise 10)
中译英

Translate the following sentences into English.

1) Jenny是一只拉布拉多猎犬，她和我舅舅住在一起。

2) 是舅舅大冬天把她从大街上抱回家后，请了兽医来家里把她救活的，所以她跟舅舅特别的亲。

3）Jenny 最喜欢跟小朋友玩。小朋友上滑梯，她也跟着爬了上去，小朋友下了滑梯，Jenny也跟着滑了下来。

4）听到门铃声，Jenny兴奋地从窝里跳了起来。

5）她们常常在草地上追着玩。

练习十一 (Exercise 11)
英译中

Translate the following sentences into Chinese.

1) While I was watching TV last night in the living room, my cat sat quietly next to me.

2) While I was reading in the library, I saw a group of young students run into the coffee shop across the street.

3) What did you do while I was sleeping?

4) I saw Sam go out of the library when I was there yesterday afternoon around 4 o'clock.

5) In the train station I saw a tall man, who was about forty years old, walking towards me.

"Excuse me. Do you know where I can find something to eat?" asked the man.

"Oh yes," I said. "See that staircase over there? You can go down to the first floor. There is a food court."

"Thanks!"

"You are welcome."

第十课生词表 (Lesson Ten　New Words and Expressions)

shēngcí 生　词 (New Words)	pīnyīn 拼　音 (Phonetic Alphabets)	Yīngyǔ 英　语 (English)
黑毛	hēimáo	black fur
脖子底下	bó·zi dǐ·xia	under the neck
爪子	zhuǎ·zi	paws
露出	lòuchū	expose
干净	gānjìng	clean
时不时地	shíbùshíde	every now and then
躺在地上	tǎngzài dìshàng	lie on the ground
舔着自己的身体	tiǎn·zhe zìjǐ·deshēntǐ	licking one's own body
清静	qīngjìng	quiet
进进出出	jìnjìnchūchū	go in and out
没有一丁点儿声音	méiyǒu yīdīngdiǎn'er shēngyīn	without the slightest sound
悠闲	yōuxián	leisure
注意	zhùyì	notice
犄角旮旯	jījiǎogālá	corner, nook and cranny
打扰	dǎrǎo	disturb
厨房	chúfáng	kitchen
喵喵	miāomiāo	meow
冰箱	bīngxiāng	refrigerator
罐头	guàn·tou	can
直直地盯着	zhízhíde dīng·zhe	stare
碗	wǎn	bowl
津津有味	jīnjīnyǒuwèi	with relish

冰凉	bīngliáng	ice cold
四下绕几圈	sìxià ràojǐquān	go around a few times
安安静静地	ānānjìngjìngde	quietly
暖气管	nuǎnqìguǎn	heating pipes
暖和	nuǎn·huo	warm
悄悄地	qiāoqiāode	softly
抬头	táitóu	raise one's head
躺下	tǎngxià	lie down
偶尔	ǒu'ěr	occasionally
甩一下尾巴	shuǎiyīxià wěi·ba	twitch her tail
伸一下懒腰	shēnyīxià lǎnyāo	straighten her back
趴在窗台上	pāzài chuāngtáishàng	lie on the window sill
往外观望	wǎngwài guānwàng	look out
动静	dòng·jing	the sound of something astir
麻雀	máquè	sparrow
觅食	mìshí	look for food
冲杀的姿势	chōngshāde zīshì	poised for pouncing
扑向	pūxiàng	spring on, pounce on
警惕的	jǐngtìde	vigilant
打转	dǎzhuàn	go round and round
靠在	kàozài	lean
做伴	zuòbàn	keep someone company
好奇地	hàoqíde	curiously
推开门	tuīkāimén	push the door open
轻轻地一跃	qīngqīngde yīyuè	leap with agility
跨过我的脚	kuàguò wǒdejiǎo	stride across my feet
枕头	zhěn·tou	pillow
悠然自得地	yōuránzìdéde	leisurely
脑袋	nǎo·dai	head

第十课
猫咪

我有一只宠物猫，叫咪咪。咪咪长着一身黑毛，只是脖子底下和爪子边上露出一点点白色。咪咪今年快七岁了。她爱干净，时不时地躺在地上，舔着自己的身体和爪子；她爱清静，进进出出没有一丁点儿声音；她喜欢悠闲，常常找一块谁也不注意的犄角旮旯呆着，谁也不打扰。我非常喜欢她。

每天一早，我醒来，咪咪也跟

着醒来；我去厨房，她也跟着我去厨房。她知道，该吃早点了。她一边跟着我，一边"喵喵"地叫。我打开冰箱，她的眼睛直直地盯着我。我打开罐

头，把猫食放在碗里，她津津有味地吃了起来。如果猫食冰凉的话，她会四下绕几圈，等猫食不凉了再吃。

吃完早点，咪咪有好几个小时不再来找我。她很聪明，会自己躲在书架里面，安安静静地睡一个上午。书架底下有暖气

管，所以她找的地方一定很暖和。咪咪一睡就是一个上午。

中午的时候，咪咪会悄悄地走到我身边，跳上我的书桌，从电脑的后边绕一圈，站在我正在打电脑的两只手中间，抬头看一看我，然后躺下，头枕在

我的右手上,像什么事也没发生,安安静静地睡上半小时,偶尔,甩一下尾巴。

之后,咪咪轻轻地站起身,伸一下懒腰,跳下桌子,再跳上窗台,两脚伸直,趴在窗台上往外观望。窗外稍有动静,一只小小的麻雀在觅食,咪咪立刻起身,撑直两条前腿,做好冲杀的姿势,想随时扑向窗外那只小麻雀。

快下午五点的时候,咪咪又会再一次悄悄地向我走来,在我身边打转。不一会儿,她又"喵喵"地叫起来,好像在说:"嘿,该吃饭了,你还干嘛坐着不动呢?"

吃完晚饭,我坐在沙发上看电

视，咪咪会轻轻地跳上沙发，头靠在我腿上，一边和我做伴，一边和我一起好奇地看电视。

晚上十点，我关灯睡觉。刚躺下两分钟，咪咪悄悄地"吱"地一声，推开门，在床前来来回回转上几圈，轻轻一跃，跳上床，很小心地跨过我的脚，轻轻地躺在边上，悠然自得地把半个脑袋伸出床外，两腿向另一侧伸直,安安静静地睡上一夜。

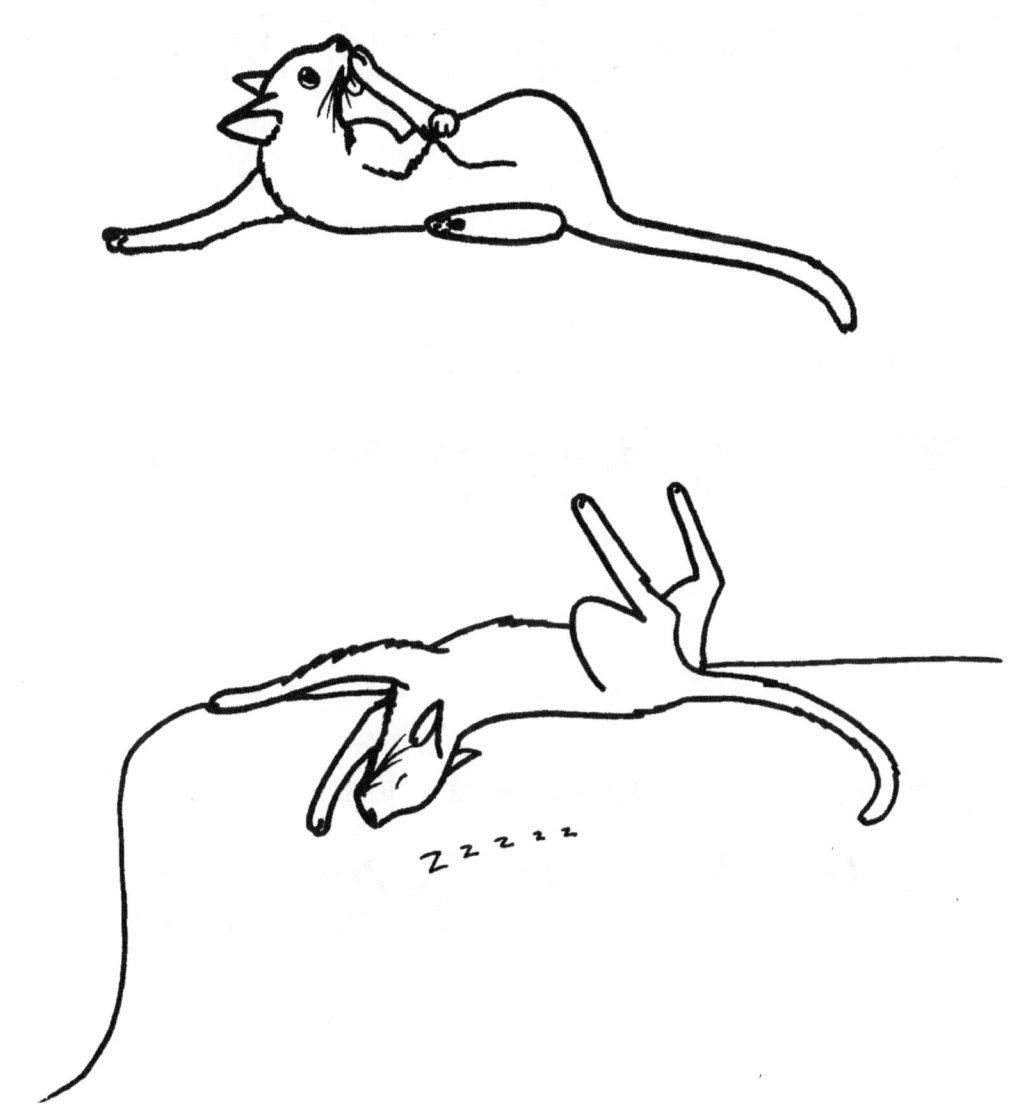

怎么说? How do you say it in Chinese?

1) "Can you move the table to my room?"

"你能不能把桌子挪到我的房间去?"

2) "Can I put the book on the table?"

"我可以把书放在桌子上吗?"

3) "Could you please introduce your friend to me?"

"请把你的朋友介绍给我,好吗?"

When you use the verbs such as "挪 move", "放 put" or "介绍 introduce", you put the object of a verb directly after "把". You can treat this "把" as "take or bring".

For example, the first sentence means "Can you take the table and move it to my room?" The second sentence means "Can I take the book and put it on the table?" The third sentence means "Can you bring your friend and introduce him to me?"

练习一 (Exercise 1)

回答问题 Answer the following questions in Chinese.

1) 我的宠物猫叫什么？她今年几岁了？
2) 她长得怎么样？
3) 她爱什么？
4) 我为什么喜欢她？
5) 每天早上，我醒来去厨房，她为什么老爱跟着我？
6) 猫食如果很冰的话，她会

马上吃吗？

7）她吃完早点做什么？

8）她为什么喜欢躲在书架里睡觉？

9）中午她喜欢做什么？

10）她看到窗外有动静时，会做什么？

11）我坐在沙发上看电视的时候，她会做什么？

12）晚上十点我睡下时，她会做什么？

练习二 (Exercise 2)

从括弧中选词填空

Fill in the blanks using the words or phrases in parentheses.

(长着 露出 舔着 打搅 清静 躺在 找的 聪明 躲在 绕几圈 一丁点儿 直直地 悄悄地 暖和 犄角旮旯 津津有味地)

1) 咪咪_____一身黑毛，只是脖子底下和爪子边上_____一点点白色。

2) 她爱干净，时不时地 _____ 地上，_____ 自己的身体和爪子。

3) 她爱 _____，进进出出没有 _____ 声音。

4) 咪咪常常找一块谁也不注意的 _____ 呆着，谁也不 _____。

5) 我打开冰箱，她的眼睛 _____ 盯着我。

6) 我打开罐头，把猫食放在碗里，她 _____ 吃了起来。

7) 如果猫食太冰的话，她会四下_____，等猫食不冰了再吃。

8) 她很_____，会自己躲在书架里面，_____睡一个上午。

9) 书架底下有暖气管，所以她_____地方一定_____。

10) 中午的时候，咪咪会_____走到我身边。

练习三 (Exercise 3)
根据拼音写词语

Write these words in Chinese according to pinyin.

jǐjiǎogālá   tiǎn·zhe   lùchū

_____   _____   _____

chǒngwù   shēngyīn   shēntǐ

_____   _____   _____

练习四 (Exercise 4)
词语拼音配对

Match these Chinese words and phrases with pinyin.

长着一身黑毛	tiǎnzhezìjǐ·dezhuǎ·zi
露出一点点白色	tā jīnjīnyǒuwèide chīzhe
舔着自己的爪子	ānānjìngjìngde shuìjiào
她喜欢悠闲	Mīmī jīnnián kuàiqīsuì·le
她津津有味地吃着	shuǎiyī xiàwěi·ba
安安静静地睡觉	shēnyīxià lǎnyāo
头枕在我的右手上	lùchū yīdiǎndiǎn báisè
咪咪今年快七岁了	zhǎng·zhe yīshēn hēimáo
甩一下尾巴	tóu zhěnzài wǒ·de yòushǒu·shang
伸一下懒腰	chuāngwài shāoyǒu dòng·jing
窗外稍有动静	tā xǐ·huan yōuxián

练习五 (Exercise 5)

词语搭配 Match the words and phrases on the left with those on the right.

往窗外	"吱"地一声推开门
很小心地跨过	我的脚
做好冲杀	在悄悄地觅食
悠然自得地伸出	一边和我一起看电视
悄悄地	观望
咪咪悄悄地	向我走来
一边和我做伴	半个脑袋在床外
一个小麻雀	的姿势
轻轻地躺在	我的枕边
两脚伸直	懒腰
伸一下	趴在窗台上

练习六 (Exercise 6)
学习宠物词汇

Additional Vocabulary List: Pets

shēng cí 生词 (New Words)	pīn yīn 拼音 (Phonetic Alphabets)	yīng yǔ 英语 (English)
狗	gǒu	dog
猫	māo	cat
鸟	niǎo	bird
长爪沙鼠	zhǎngzhuǎ shāshǔ	gerbil
仓鼠	cāngshǔ	hamster
栗鼠	lìshǔ	chinchilla
豚鼠	túnshǔ	guinea pig
金丝雀	jīnsīquè	canary
长尾小鹦鹉	chángwěi xiǎoyīngwǔ	parakeet
鹦鹉	yīngwǔ	parrot
龟	guī	turtle
蜥蜴	xīyì	lizard
蛇	shé	snake
热带鱼	rèdàiyú	tropical fish
青蛙	qīngwā	frog
淡水鱼	dànshuǐyú	freshwater fish
咸水鱼	xiánshuǐyú	saltwater fish

金鱼	jīnyú	gold fish
宠物商店	chǒngwù shāngdiàn	pet store
宠物食品	chǒngwù shípǐn	pet food
领养宠物	lǐngyǎng chǒngwù	adopt a pet

练习七 (Exercise 7)
根据下列词语编排句子

Rearrange the following words and phrases into sentences.

1) 快 今年 咪咪 七岁了

2) 长着 咪咪 一身黑毛

3) 她　里面　书架　自己躲在

4) 谁也不注意的地方　咪咪　躺下　会找一块

5) 在床前　她推开门　转上几圈　来来回回

6) 我　罐头　把猫食　打开　放在碗里

7) 坐在　我　看电视　沙发上

8) 你　喜欢　为什么　猫咪

练习八 (Exercise 8)
找词

Circle the phrases according to what you hear from the teacher.

躺在我正在打电脑的两只手中间

安安静静地睡上半小时

偶尔,甩一下尾巴

她又"喵喵"地叫起来

在我身边打转　轻轻地站起身

在窗台上往外观望　快下午五点的时候

咪咪立刻起身,撑直两条前腿,做好冲杀的姿势

练习九 （Exercise 9）
选词造句

Choose words from the following box to make sentences.

安安静静	小	盯着	是	津津有味地	半
睡	绕一圈	门	猫咪	你	自己	躲	里面	的
身边	都	悄悄	在	走到	开	电脑	很	抬头
书架	个	吃饭	就	早点	开	冰箱	我	聪明

1)

2)

3)

4)

5)

练习十 (Exercise 10)

中译英

Translate the following sentences into English.

1) 我有一只宠物猫,叫咪咪。

2) 咪咪长着一身黑毛,只是脖子底下和爪子边上露出一点点白色。

3）咪咪今年快七岁了。她爱干净，时不时地躺在地上，舔着自己的身体和爪子。

4）她爱清静，进进出出没有一丁点声音。

5）她一边跟着我，一边"喵喵"地叫。

6) 她喜欢悠闲，常常找一块谁也不注意的犄角旮旯呆着，谁也不打扰。我非常喜欢她。

8) 我打开罐头，把猫食放在碗里，她津津有味地吃了起来。

9) 吃完早点，咪咪有好几个小时不再来找我。

练习十一 (Exercise 11)
英译中

Translate the following sentences into Chinese.

1) Mimi is very smart. She would hide and sleep inside the bookshelf for the whole morning. There is a heating pipe underneath the bookshelf.

2) She always finds a warm spot, where she would sleep for several hours.

3) At noon, Mimi would quietly walk over to me, jump on my desk, slowly pass behind the back of my computer, and then lie down in front of my computer, resting her head on my arm.

4) Mimi lies down, her head resting on my left hand, and two legs on my right hand. Occasionally, she lashes her tail.

生词表 (Glossary)

Pinyin	Page	Chinese	English
2012 nián	211	2012年	year 2012

A

Pinyin	Page	Chinese	English
ānjìng	168	安静	quiet
ānānjìngjìngde	252	安安静静地	quietly
áoxiáng	84	翱翔	soar

B

Pinyin	Page	Chinese	English
bǎ tā jiù huó de	222	把她救活的	saved her life
bādiǎn sānkè	184	八点三刻	eight forty-five
bǎihuò shāngdiàn	23	百货商店	department store
bālěi kè	5	芭蕾课	ballet class
bàngqiú	128	棒球	baseball
bànjuésài	112	半决赛	semi-final
bānmǎ	102	斑马	zebra
bànyè	183	半夜	midnight
bào	102	鸟	bird
bào huí jiā	222	抱回家	carry somebody home
bǎolíngqiú	128	保龄球	bowling
bàomíng	111	报名	sign up, register
bàozhù	6	抱住	hug
Bāyuè	211	八月	August
běiměiyěniú	102	北美野牛	bison
biànchéng	83	变成	become/turn into
biéde	111	别的	other
bǐfēn	129	比分	score
bīngchá	74	冰茶	iced tea
bīngliáng	252	冰凉	ice cold
bīngqílín diàn	23	冰淇淋店	ice cream shop
bīngqiú	128	冰球	ice hockey
bīngxiāng	251	冰箱	refrigerator
bìqiú	129	壁球	squash
bǐsàbǐng	58	比萨饼	pizza

bó·zi dǐ·xia	251	脖子底下	under the neck
búcuò	140	不错	good
búguò	6	不过	but
bújiànkāng	57	不健康	unhealthy
bùkě jìnrù	156	不可进入	do not enter
búràngwǒchī	57	不让我吃	not let me eat

C

cáipàn	129	裁判	referee
cāngshǔ	272	仓鼠	hamster
cānjiā	111	参加	participate
cānjiā	139	参加	participate
cánjírén zhuānyòng tíngchēwèi	156	残疾人专用停车位	handicap parking
cāochǎng	238	操场	playground
cǎoméi	57	草莓	strawberry
cǎoyuán	83	草原	savannah
cèyàn	140	测验	test
chà diǎn sǐ qù	222	差点死去	almost died
chàbùduō	139	差不多	almost
cháng yǐ	238	长椅	bench
chángjǐnglù	102	长颈鹿	giraffe
chángwěi xiǎoyīngwǔ	272	长尾小鹦鹉	parakeet
chángzhōumò	193	长周末	long weekend
chítáng	238	池塘	pond
chīwǔfàn	57	吃午饭	eat lunch
chōnglàng	129	冲浪	surfing
chōngmǎn	83	充满	be filled with
chōngshāde zīshì	252	冲杀的姿势	poised for pouncing
chǒngwù shāngdiàn	23	宠物商店	pet store
chǒngwù shāngdiàn	273	宠物商店	pet store
chǒngwù shípǐn	273	宠物食品	pet food
chōukòng	111	抽空	manage to find time
chòuyòu	102	臭鼬	skunk
chuān	5	穿	wear
chuāng·zi	33	窗子	window
chuánqiú	129	传球	pass
chúfáng	251	厨房	kitchen

chúle......yǐwài	58	除了......以外		besides
chúle......yǐwài	111	除了......以外		besides
chūmén	139	出门		go out
cóng dàjiēshàng	222	从大街上		from the street
cóng Fèichéng bānlái	193	从费城搬来		moved here from Philadelphia
cōng·ming	194	聪明		smart
cóngzǎo dàowǎn	193	从早到晚		from morning till night

D

dǎ diànhuà	168	打电话	make a phone call
dàdōngtiān	222	大冬天	cold winter
dǎ lánqiú	194	打篮球	play basketball
dài wǔfàn	58	带午饭	bring packed lunch
dàishǔ	102	袋鼠	kangaroo
dàiwǒ	111	带我	take me
dǎjiǎo	84	打搅	bother
dǎkāi	33	打开	open
dǎlánqiú	112	打篮球	play basketball
dàngāo	74	蛋糕	cake
dāngrán	5	当然	of course
dànshuǐyú	272	淡水鱼	freshwater fish
dānxiàng	156	单向	one-way
dàochù	6	到处	everywhere
dǎrǎo	251	打扰	disturb
dàsuànmiànbāo	74	大蒜面包	garlic bread
dàxiàng	5	大象	elephant
dàxiàng	102	大象	elephant
dǎzhuàn	252	打转	go round and round
dàzìrán	83	大自然	nature
dé le yī zhǒng bìng	222	得了一种病	suffered from an illness
děng bùjí	168	等不及	cannot wait
dì yīgè hónglǜdēng	193	第一个红绿灯	the first traffic light
diànyǐng	239	电影	movie
diànzǐ shāngdiàn	23	电子商店	electronics store
diāosù	239	雕塑	sculpture
diàotóu	156	调头	U-turn
dì'èrpái	33	第二排	the 2nd row

dīxiàtóu	6	低下头	lower one's head
dìyīpái	33	第一排	the 1st row
dòng·jing	252	动静	the sound of something astir
dōngjì	112	冬季	winter season
dōngnánxīběi	139	东南西北	east, south, west, north
dòngsuānnǎi	75	冻酸奶	frozen yogurt
dòngwù	83	动物	animal
dòngwùguǎnlǐyuán	239	动物管理员	zookeeper
dòngwùyuán	83	动物园	zoo
dòngwùyuán	239	动物园	zoo
dòu rén xǐ'ài	83	逗人喜爱	cute
duànliàn	111	锻炼	(physical) exercise
duì	112	……对……	...vs. ...
duì……gǎnxìngqù	140	对……感兴趣	feel interested in

E

èrhào	212	二号	day 2
Èryuè	211	二月	February

F

fā duǎnxìn	168	发短信	send text messages
fádiǎnqiú	112	罚点球	penalty kick
fānchuánsài	129	帆船赛	sailing competition
fāngwèi	33	方位	position
fānqiéjiàng	74	番茄酱	ketchup
fāpàng	57	发胖	get fat
fāqiú	129	发球	serve
fēipán	128	飞盘	Frisbee
Fēizhōu	83	非洲	Africa
fēn	183	分	minute

G

gāng shēng xià shí	222	刚生下时	when...was born
gāngyīguǎi	6	刚一拐	just turn a corner
gānjìng	251	干净	clean
gǎnqíng	84	感情	feeling
gāo'ěrfūqiú	128	高尔夫球	golf

gāoshānhuáxuě	128	高山滑雪	downhill skiing
gěi...... mǎi le	33	给......买了	bought for...
gēi xiǎopéngyǒumen	168	给小朋友们	to young friends
gèngdà／gèngduō	111	更大／更多	bigger/more
gōngjī	101	公鸡	rooster
gōngyuán	238	公园	park
gǒu	101, 272	狗	dog
guàn·tou	251	罐头	can
gùbùshàng	193	顾不上	cannot manage to
guī	272	龟	turtle
guò	139	过	pass
guǒjiàng	57	果酱	jam

H

hǎitún	83	海豚	dolphin
hànbǎobāo	74	汉堡包	hamburger
hào·zi	101	耗子	mouse
hàoqíde	252	好奇地	curiously
hé wǒ yībān dà	193	和我一般大	same age as mine
hēimáo	251	黑毛	black fur
hēisède juǎn fà	194	黑色的卷发	black curly hair
zài hěnduō shìqíng shàng	194	在很多事情上	on many issues
hěngāo	194	很高	very tall
hóng zhuānfáng	193	红砖房	red brick house
hòunián	211	后年	the year after next
hòutiān	212	后天	the day after tomorrow
hòuyuàn	193	后院	backyard
hú·li	102	狐狸	fox
huà	239	画	painting
huā diàn	23	花店	florist
huá·le xià·lai	222	滑了下来	slid down
huátī	222	滑梯	slide
huábīng	129	滑冰	skate
huālìshǔ	101	花栗鼠	chipmunk
huángyóu	57	黄油	butter
huànxióng	102	浣熊	raccoon
huátī	238	滑梯	slide

huáxuě	129	滑雪	ski
huàxué	140	化学	chemistry
huáxuěbǎn	129	滑雪板	snowboarding
huáxuěqiāo	129	滑雪橇	sledding
huāyànghuábīng	128	花样滑冰	figure skating
huīgān	129	挥杆	swing
huǒchē	5	火车	train
huólì	83	活力	vitality, energy
huòzhě	83	或者	or
hùxiāng zhuī zhe wán	222	互相追着玩	chase each other

J

jiàn	6	见	see
jiānbing	74	煎饼	pancakes
jiǎndān	139	简单	simple
jiǎngyì	140	讲义	handouts
jiāole jǐgè hǎopéng·you	193	交了几个好朋友	made several good friends
jiàoliàn	111	教练	coach
jiǎoluò	156	角落	corner
jiāoyóu/yěcān	239	郊游/野餐	picnic/have a picnic
jiǎrú	83	假如	if
jīdàn	57	鸡蛋	egg
jièlánjī	58	芥兰鸡	chicken with broccoli
jièmò	74	芥末	mustard
jiēqiú	128	接球	catch
jiēqū	156	街区	block
jījiàn	128	击剑	fencing
jījiǎogālá	251	犄角旮旯	corner, nook and cranny
jījiǎogālá	251	犄角旮旯	corner, nook and cranny
jīmù	5	积木	building block
jǐngtìde	252	警惕的	vigilant
jīngyú	83	鲸鱼	whale
jìngzǒu	129	竞走	race walking
jìnjìnchūchū	251	进进出出	go in and out
jǐnjǐnde	6	紧紧地	tightly
jīnjīnyǒuwèi	251	津津有味	with relish
jīnnián	211	今年	this year

jīnsīquè	272	金丝雀	canary
jīntiān	212	今天	today
jīntiān shàngwǔ	184	今天上午	this morning
jīntiān shàngwǔshídiǎn	184	今天上午十点	ten o'clock this morning
jīnyú	101, 273	金鱼	goldfish
jìnzhǐ tíngchē	156	禁止停车	no parking
jiù·jiu	222	舅舅	uncle
Jiǔyuè	211	九月	September
juésài	112	决赛	final
jǔgè lì·zi	139	举个例子	for example
jǔzhòng	130	举重	weightlifting

K

kāichē	139	开车	drive
kāishǐ	139	开始	begin, start
kāixué	111	开学	a new semester begins
kǎolā	102	考拉	koala
kǎomiànbāo	57	烤面包	toast
kǎoshì	140	考试	exam
kǎotǔdòu	58	烤土豆	baked potatoes
kàozài	252	靠在	lean
kězuòdeshì tài duōle	168	可做的事太多了	lot of things that can be done
kèwài huódòng	139	课外活动	extracurricular activities
kěwàng zìyóu	84	渴望自由	long for freedom
kěyǐ	168	可以	can
kuàguò wǒdejiǎo	252	跨过我的脚	stride over my feet
kuàicān	58	快餐	fast food
kuānwèide yǎnlèi	6	宽慰的眼泪	tears of relief
kūle qǐ·lai	6	哭了起来	start to cry

L

Lābùlāduōlièquǎn	222	拉布拉多猎犬	Labrador Retriever
làjīchì	74	辣鸡翅	spicy chicken wings
lā xínglǐ	239	拉行李	pull the luggage
lán yǎnjīng	194	蓝眼睛	blue eyes
láng	102	狼	wolf
lǎohǔ	83	老虎	tiger

lǎoshǔ	101	老鼠	rat
lǎoyīng	84	老鹰	eagle
lěiqiú	129	垒球	softball
lí	5	离	from
liǎngpái	33	两排	two rows
liànxí	140	练习	exercises
liáo	57	聊	chat
liáo·liao	111	聊聊	chat
liáoqǐtiānlái	193	聊起天来	begin to chat
liáotiān	193	聊天	chat
Lǐbài'èr	212	礼拜二	Tuesday
Lǐbàiliù	212	礼拜六	Saturday
Lǐbàisān	212	礼拜三	Wednesday
Lǐbàisì	212	礼拜四	Thursday
Lǐbàitiān	212	礼拜天	Sunday
Lǐbàiwǔ	212	礼拜五	Friday
Lǐbàiyī	212	礼拜一	Monday
lǐmiàn	33	里面	inside
lǐngyǎng chǒngwù	273	领养宠物	adopt a pet
lǐpǐn diàn	23	礼品店	gift store
lìshǔ	272	栗鼠	chinchilla
liù gǒu	222	遛狗	walk the dog
liūbīng	129	溜冰	ice skating
Liùyuè	211	六月	June
líxuéxiào bùyuǎn	139	离学校不远	not far from school
lòuchū	251	露出	expose
lù	102	鹿	deer
lǘ	101	驴	donkey
luò·tuo	102	骆驼	camel
lǚxíng shè	23	旅行社	travel agency

M

mǎ	101	马	horse
Màilèjī	74	麦乐鸡	Chicken McNuggets
màipiàn	57	麦片	cereal
mànpǎo	129	慢跑	jog
māo	101	猫	cat
māo	272	猫	cat

máoróng dòngwù	5	毛绒动物	stuffed animals
máquè	252	麻雀	sparrow
měifǎ shālóng	23	美发沙龙	beauty/hair salon
Měiguócài	58	美国菜	American food
měishìzúqiú	129	美式足球	American football
méiyǒu yīdīngdiǎn shēngyīn	251	没有一丁点声音	without the slightest sound
mén	34	门	door
ménlíngshēng	222	门铃声	the door bell rings
miànbāo	58	面包	bread
miǎo	183	秒	second
miāomiāo	251	喵喵	meow
mílù	102	麋鹿	moose
míngnián	211	明年	next year
míngtiān	212	明天	tomorrow
míngtiān xiàwǔ sāndiǎnshífēn	184	明天下午三点十分	three ten tomorrow afternoon
mìshí	252	觅食	look for food
mǔjī	101	母鸡	hen
mù'ǒujù	239	木偶剧	puppet show

N

nǎ'er	5	哪儿	where
nǎibáisède	168	奶白色的	cream
nǎixī	75	奶昔	milk shake
nǎménkè	140	哪门课	which subject/class
nǎo·dai	252	脑袋	head
nèixīn	5	内心	in someone's heart
nián	211	年	year
niándùsài	112	年度赛	annual match
niǎo	272	鸟	bird
nǐ·men zài yīqǐ shí	194	你们在一起时	when you are together
niú	101	牛	cow
niúnǎi	57	牛奶	milk
niúpái	74	牛排	steak
niúròu	58	牛肉	beef
nuǎn·huo	252	暖和	warm
nuǎnqìguǎn	252	暖气管	heating pipes

O

ǒu'ěr	252	偶尔	occasionally

P

pá·le shàngqu	222	爬了上去	climbed up
pā zài dì·shang	222	趴在地上	lie on one's stomach
págān	238	爬杆	climbing bars
pāi lùxiàng	168	拍录像	shoot videos
páiqiú	129	排球	volleyball
pāizhào	168	拍照	take photos
pānyuán jià	238	攀缘架	climbing frame
pǎo	129	跑	run
pāzài chuāngtáishàng	252	趴在窗台上	lie on the window sill
péibàn	84	陪伴	accompany
pēnquán	238	喷泉	fountain
piào·liang	83	漂亮	beautiful
píngmù	239	屏幕	screen
pīngpāng qiú	129	乒乓球	table tennis/Ping-Pong
píngshí	111	平时	usually
píngshí	194	平时	usually
pīntú wánjù	5	拼图玩具	puzzle
pūxiàng	252	扑向	spring on, pounce on

Q

qí	129	骑	ride
qíshí	5	其实	actually
qí zìxíngchē	128	骑自行车	cycling/biking
qiān	6	牵	hold someone's hand
qiángxiàng	140	强项	strength
qiánnián	211	前年	the year before last
qiánshuǐ	128	潜水	dive
qiántiān	211	前天	the day before yesterday
qiǎokèlì	58	巧克力	chocolate
qiāoqiāobǎn	222	跷跷板	seesaw
qiāoqiāode	252	悄悄地	softly
qíchē	139	骑车	ride a bike
qìchē	5	汽车	car, automobile
qíchērén	238	骑车人	cyclist

qímò kǎoshì	140	期末考试	final exam
qǐng le shòuyī	222	请了兽医	called for a veterinarian
qīngjìng	251	清静	quiet
qíngkuàng	111	情况	situation
qīngqīngde yīyuè	252	轻轻地一跃	leap with agility
qīngwā	272	青蛙	frog
qǐpǎo	128	起跑	start
qìshuǐ	74	汽水	soda
qiúmí	128	球迷	fan
qiūqiān	238	秋千	swings
Qīyuè	211	七月	July
qízhōng kǎoshì	140	期中考试	mid-term exam
què	5	却	but, yet, however
qùnián	211	去年	last year
qǔshèng	112	取胜	win

R

ràngdào	156	让道	yield
rèdàiyú	272	热带鱼	tropical fish
règǒu	74	热狗	hot dog
rēng	129	扔	throw

S

sàipǎo	128	赛跑	running race
sāndiǎn	183	三点	three o'clock
sāngèbànxiǎoshí	183	三个半小时	three and half hours
sānhào	212	三号	day 3
sānlúnchē	238	三轮车	tricycle
sānmíngzhì	58	三明治	sandwich
Sānyuè	211	三月	March
sātuǐ jiùpǎo	5	撒腿就跑	take off at once
sèlā / shālā	57	色拉 / 沙拉	salad
shāchí	238	沙池	sandbox
sèlājiàng / shālājiàng	74	色拉酱 / 沙拉酱	salad dressing
shāfā	33	沙发	sofa
shǎnchū shuǐmiàn	83	闪出水面	surface from ocean
shàngbànyè	183	上半夜	before midnight

Pinyin	Page	Chinese	English
shànggè xīngqíwǔ zǎo·shang qīdiǎn	184	上个星期五早上七点	seven o'clock last Friday morning
shàngkè	139	上课	attend class
shàngle yīkè	6	上了一课	taught a lesson
shàngwǔ	183	上午	morning
shāngxīn	84	伤心	sad
shānyáng	101	山羊	goat
shé	272	蛇	snake
shèjiàn	128	射箭	archery
shēngcài	74	生菜	lettuce
shēngdòng yǒuqù	140	生动有趣	vivid and interesting
shēngrì	168	生日	birthday
shēngrì lǐwù	168	生日礼物	birthday gift
shēnpáng	84	身旁	by the side of someone
shēnqǐng	111	申请	apply for
shēnyīxià lǎnyāo	252	伸一下懒腰	straighten her back
shēnzhǎn	129	伸展	stretch
shí jiē	23	食街	food court
shī·zi	102	狮子	lion
shíbùshíde	251	时不时地	every now and then
shí'èrdiǎn wǔshíwǔfēn	184	十二点五十五分	twelve fifty-five
Shí'èryuè	211	十二月	December
shíhǎo shíhuài	140	时好时坏	sometimes good, sometimes bad
shíshí	6	时时	constantly
shìyìng	193	适应	adapt
Shíyīyuè	211	十一月	November
Shíyuè	211	十月	October
shízì lùkǒu	139	十字路口	intersection, crossroads
shōu duǎnxìn	168	收短信	receive text messages
shǒushì shāngdiàn	23	首饰商店	jewelry store
shuāijiāo	130	摔交	wrestling
shuǎiyīxià wěi·ba	252	甩一下尾巴	twitch her tail
shuānshàngǒuliàn	222	拴上狗链	put on leash
shūcài	58	蔬菜	vegetable
shūdiàn	23	书店	bookstore
shuǐguǒ	57	水果	fruit
shuǐqiú	129	水球	water polo

shùxué	140	数学	math	
sìchù	6	四处	everywhere	
sìdiǎnyīkè	184	四点一刻	four fifteen	
sìhào	212	四号	day 4	
sǐhútòng	156	死胡同	dead end	
sìjìdòu	58	四季豆	string beans	
sìxià ràojǐquān	252	四下绕几圈	go around a few times	
Sìyuè	211	四月	April	
sōngshǔ	102	松鼠	squirrel	
suǒyǒude	111	所有的	all	

T

táiqiú	128	台球	billards/pool	
táitóu	252	抬头	raise one's head	
tā	83	它	it	
tā·men	83	它们	they	
tándelái	194	谈得来	get along well	
tángguǒ diàn	23	糖果店	candy store	
tǎngxià	252	躺下	lie down	
tǎngzài dìshàng	251	躺在地上	lie on the ground	
tī	129	踢	kick	
tī zúqiú	194	踢足球	play soccer	
tiǎn	84	舔	lick	
tiān	211	天	day	
tiánjìng	129	田径	track and field	
tiántiánquān	74	甜甜圈	donuts	
tiǎn·zhe zìjǐ·de shēntǐ	251	舔着自己的身体	licking one's own body	
tiào	129	跳	jump	
tiāo	5	挑	pick, choose	
tiào le qǐ·lai	222	跳了起来	jump up	
tiàoshéng	238	跳绳	jump rope	
tǐcāo	128	体操	gymnastics	
tīng yīnyuè	168	听音乐	listen to music	
tíngchē biāojì	156	停车标记	stop sign	
tǐng xǐ·huan	139	挺喜欢	quite like	
tǐyùàihào	111	体育爱好	interest in sports	
tǐyùbù	6	体育部	Sports Section	
tīzúqiú	111	踢足球	play soccer	

tōng rénqíng	84	通人情	understand human feeling
tōngcháng	57	通常	usually
tōngxīnfěn	58	通心粉	penne
tóuqiú	129	投球	pitch
tóuqiú	129	投球	shoot
tù·zi	101	兔子	rabbit
tǔdòuní	57	土豆泥	mashed potatoes
tuīkāimén	252	推开门	push the door open
tuīqiūqiān	239	推秋千	push the swing
túnshǔ	101	豚鼠	guinea pig
túnshǔ	272	豚鼠	guinea pig
túshūguǎn	193	图书馆	library

W

wá·wa	5	娃娃	doll
wǎn	183	晚	late
wǎn	251	碗	bowl
wán diànzǐ yóuxì	194	玩电子游戏	play video games
wán lèi·le	222	玩累了	tired out
wán yóuxì	168	玩游戏	play games
wàng zuǒ/yòu guǎi	193	往左/右拐	turn left / right
wǎng......zhí pū	222	往......直扑	pounce on
wǎngqiú	129	网球	tennis
wǎngqiúchǎng	238	网球场	tennis court
wǎngwài guānwàng	252	往外观望	look out
wàng·zhe	84	望着	look at
wàngzuǒguǎi	139	往左拐	make a left
wánjù diàn	5	玩具店	toy store
wánjù shāngdiàn	23	玩具商店	toy store
wǎn·shang	183	晚上	night
wěi·ba	83	尾巴	fluke
wēnróude yīmiàn	84	温柔的一面	gentle side
wēnshì	239	温室	greenhouse
wǔhào	212	五号	day 5
wùlǐ	140	物理	physics
wǔshù	129	武术	martial arts
wúyōuwúlǜ	83	无忧无虑	carefree

Wǔyuè	99, 211	五月	May

X

xiàbànyè	183	下半夜	after midnight
xiàgè xīngqíyī wǎn·shang bādiǎnbàn	184	下个星期一晚上八点半	eight thirty next Wednesday night
xiǎnde hěncōngmíng	140	显得很聪明	appear to be very smart
xiàng yòuzhuǎn	156	向右转	turn right
xiàng zuǒzhuǎn	156	向左转	turn left
xiǎngfǎ yīzhì	194	想法一致	agree with each other
xiāngjiāo	57	香蕉	banana
xiánshuǐyú	272	咸水鱼	saltwater fish
xiànsù	156	限速	speed limit
xiào de hěn kāixīn	194	笑得很开心	laugh heartily
xiǎo zhèn	5	小镇	little town
xiào zúqiú duì	111	校足球队	varsity soccer team
xiǎogǒu	101	小狗	puppy
xiǎomāo	101	小猫	kitten
xiǎoshí	183	小时	hour
xiàwǔ	183	下午	afternoon
xié diàn	23	鞋店	shoe store
xiě duǎnxìn	168	写短信	write text messages
xǐ·huan bāngzhù bié·ren	194	喜欢帮助别人	like to help others
xǐ·huan chuān hóngde T-xùshān	194	喜欢穿红的T-恤衫	like to wear red T-shirt
xīn shǒujī	168	新手机	new cellular phone
Xīngqí'èr	212	星期二	Tuesday
Xīngqíliù	212	星期六	Saturday
Xīngqísān	212	星期三	Wednesday
Xīngqísì	212	星期四	Thursday
Xīngqítiān	212	星期天	Sunday
Xīngqíwǔ	212	星期五	Friday
Xīngqíyī	212	星期一	Monday
xìngqù xiǎozǔ	140	兴趣小组	interest club
xióng	102	熊	bear
xióngmāo	102	熊猫	panda
xiōngměng	83	凶猛	fierce
xīyì	272	蜥蜴	lizard

xuěbào	102	雪豹	snow leopard
xuéshēng guòmǎlù	156	学生过马路	school crossing
xuéxí chéngjì	194	学习成绩	academic performance

Y

yáng	102	羊	sheep
yǎngguò	84	养过	raised
yǎnjìng diàn	23	眼镜店	optical shop
yǎnlǐ	6	眼里	in the eyes
yàobùrán	83	要不然	otherwise
yěcānzhuō	238	野餐桌	picnic table
yěděikàn	139	也得看	depend
yībiān......yībiān	57	一边......一边	a pattern to describe two co-existing actions
yīchǎngqiúsài	112	一场球赛	one match／game
Yìdàlì miàntiáo	58	意大利面条	spaghetti
Yìdàlì xiāngcháng	57	意大利香肠	Italian sausage
yīdiǎn líng wǔfēn	184	一点零五分	one o five
yīdiǎnchāwǔfēn	184	一点差五分	five to one
yī·fu	5	衣服	clothes
yīgèxiǎoshí	183	一个小时	an hour
yīgèzhōngtóu	183	一个钟头	an hour
yīhào	212	一号	day 1
yīhé	33	一盒	a box of
Yìndù	83	印度	India
yíng	112	赢	win
yīnggāi	6	应该	should
yīngwǔ	272	鹦鹉	parrot
YīngyǔhéLìshǐ	140	英语和历史	English and History
yǐnliào	58	饮料	drink
yīnxiàng diàn	23	音像店	video store
yīnyuè shāngdiàn	23	音乐商店	music store
yīqiè	193	一切	all
yīshēng yě bù zhī	6	一声也不吱	keep quiet
yìshùbówùguǎn	238	艺术博物馆	art museum
yītí duōjiě	140	一题多解	multiple solutions to one problem
yītóu......lìng yītóu	222	一头......另一头	one end, the other end

Yīyuè	211	一月	January
yīzhí hěnmáng	193	一直很忙	have/has been busy
yīzhīcǎibǐ	33	一支彩笔	a colored pencil
yǐ·zi	33	椅子	chair
yòng shǒujī	168	用手机	use a cellular phone
yòu'érbù	5	幼儿部	Toddler's Section
yǒuhǎo	194	友好	friendly
yóujú ménkǒu	139	邮局门口	at the post office
yǒukòng	193	有空	have some free time
yóulèyuán	238	游乐园	amusement park
yōuránzìdéde	252	悠然自得地	leisurely
yōuxián	251	悠闲	leisure
yǒuyìside	139	有意思的	interesting
yóuyǒng	83	游泳	swim
yóuyǒng	112	游泳	swim
yú	58	鱼	fish
yuè	211	月	month
yuèyěhuáxuě	128	越野滑雪	cross-country skiing
yùmǐpiàn	74	玉米片	cornflakes
yùndòng	111	运动	sports
yùndòng	128	运动	exercise, work out
yùnqiú	128	运球	dribble
yùndòngduì	129	运动队	sports team
yùshàng	193	遇上	meet, encounter

Z

zài zúqiúchǎng jiàn	112	在足球场见	see you on the soccer field
zài......hòu·mian	33	在......的后面	behind...
zài......lǐmiàn	33	在......的里面	inside...
zài......pángbiān	33	在......的旁边	next to...
zài......qián·mian	33	在......的前面	in front of...
zài......shàng·mian	33	在......的上面	above/ on...
zài......xià·mian	33	在......的下面	below/under...
zài......yòu·bian	33	在......的右边	on the right of...
zài......zhōngjiān	33	在......的中间	between...
zài......zuǒ·bian	33	在......的左边	on the left of...
zàiguò yīgè xīngqī	168	再过一个星期	after another week

zàizhuōshàng	33	在桌上	on the table
zǎo	183	早	early
zǎochén	183	早晨	early morning
zǎodiǎn	57	早点	breakfast
zěnme	139	怎么	how
zhǎngde zěnmeyàng?	194	长得怎么样？	What does...look like?
zhǎngzhuǎ shāshǔ	272	长爪沙鼠	gerbil
zhǎo	5	找	look for
zhǎo	111	找	look for
zhàshǔtiáo	74	炸薯条	french fries
zhège xīngqísān shàngwǔshí diǎn	184	这个星期三上午十点	ten o'clock this Wednesday morning
zhēn xìngyùn	168	真幸运	really lucky
zhēnduō	5	真多	there are so many…
zhěngtiān	84	整天	all day long
zhěn·tou	252	枕头	pillow
zhǐnéng yòuzhuǎn	156	只能右转	right turn only
zhǐnéng zuǒzhuǎn	156	只能左转	left turn only
zhíwùyuán	238	植物园	botanical garden
zhízhíde dīng·zhe	251	直直地盯着	stare
zhízǒu	156	直走	go straight
zhōngdiǎn	128	终点	finish
Zhōngguócài	58	中国菜	Chinese food
zhōngtóu	183	钟头	hour
zhōngwǔ	183	中午	noon
zhōngyú	193	终于	finally
zhōumò	111	周末	weekend
zhū	101	猪	pig
zhuānxīn tīngjiǎng	6	专心听讲	pay attention to what is being said
zhuǎ·zi	251	爪子	paws
zhǔnshí	184	准时	on time
zhūròu	58	猪肉	pork
zhùyì	251	注意	notice
(Sam) zhùzài nǎ'er?	193	(Sam) 住在哪儿？	Where does (Sam) live?
zìxíngchē	238	自行车	bicycle/bike
zìxíngchēdào	238	自行车道	bike path
zìyóuzìzàide bēnchí	83	自由自在地奔驰	gallop freely

zìzhù cāntīng	57	自助餐厅	cafeteria
zǒuzheqù	139	走着去	walk to
zuìbàngde	83	最棒的	the best
zuìhòu	112	最后	finally
zuìxǐ·huan	57	最喜欢	favorite
zuò gōngkè	84	做功课	do homework
zuò gòngxiàn	111	做贡献	to contribute to
zuòbàn	252	做伴	keep someone company
zuòchē	139	坐车	by car, by bus
zuótiān	212	昨天	yesterday
zuòwèi	239	座位	seat
zuòzài wǒde duìmiàn	193	坐在我的对面	sit across from me
zúqiúchǎng	238	足球场	soccer field

Chinese as a Foreign Language
Textbooks and Workbooks Written *by* Bill Li
Illustrated by Candace Tong-Li

Chinese for Young Beginners 1 (Chinese-English Edition)

Chinese for Young Beginners 2 (Chinese-English Edition)

Chinese for Young Beginners 1 Workbook (Chinese-English Edition)

Chinese for Young Beginners 2 Workbook (Chinese-English Edition)

Chinese for Young Beginners 2 Chinese Character Writing Practice Book

Picture Books Written and Illustrated *by* Candace Tong-Li
Chinese Translations by Bill Li

Baby Crane and Other Animal Tales (Chinese Edition, Age 4-8)

Acorn and Katie (Chinese-English Edition, Age 4-8)

The Moon Stallion (Chinese-English Edition, Age 4-8)

Snow Dogs (Chinese-English Edition, Age 4-10)

Snow Leopard (Chinese-English Edition, Age 4-10)

Tales of Titans - Timeless Dinosaur Stories (English Edition, Age 6-12)

The Puppy Prince (English and Chinese-English Editions, Age 2-5)

Layers and Layers of Wallpaper (English Edition, Age 6-12)

Imagine. Create. Contribute.

www.PrincessImprints.com

For the **Chinese for Young Beginners**™ Program

Visit: www.PrincessImprints.com

Email: ChineseTutor@PrincessImprints.com

For Customized **Chinese Tutoring** (All Levels)

Visit: www.ChineseTutorOnline.com

Email: Info@ChineseTutorOnline.com

Printed in U.S.A.

www.ingramcontent.com/pod-product-compliance
Lightning Source LLC
Chambersburg PA
CBHW080544230426
43663CB00015B/2704